1867. 27 Novembre



# ESTAMPES

## ANCIENNES & MODERNES

# PORTRAITS

## D'après VAN DYCK

# LIVRES D'ARCHITECTURE, ETC.

VENTE

**Du 27 au 30 Novembre 1867.**

| Me DELBERGUE-CORMONT | M. VIGNÈRES |
| --- | --- |
| Commissaire-Priseur. | Md d'Estampes. |

(244e). PARIS – NOVEMBRE 1867

RENOU et MAULDE, imprimeurs de la Compagnie des Commissaires-Priseurs, rue de Rivoli, 144. 8208

# CATALOGUE

D'UNE

COLLECTION VENANT DE L'ÉTRANGER

# ESTAMPES

ANCIENNES, PETITS MAITRES, EAUX-FORTES

*Claude Lorrain, Ostade, Rembrandt, Waterlo*

ÉCOLE DU XVIII$^{e}$ SIÈCLE ET MODERNE

BELLE RÉUNION DE

# PORTRAITS

PAR ET D'APRÈS **Van Dyck** EN 1$^{er}$ ÉTAT

FICQUET, TH. DE LEU, NANTEUIL, SCHMIDT, WILLE, ETC.

# LIVRES D'ARCHITECTURE

A FIGURES, COSTUMES, VUES, ANTIQUITÉS, ETC.

dont la vente aura lieu

HOTEL DES COMMISSAIRES-PRISEURS

RUE DROUOT, N° 5

SALLE N° 7

Du Mercredi 27 au Samedi 30 Novembre 1867

A UNE HEURE PRÉCISE

M$^{e}$ **DELBERGUE-CORMONT**, Commissaire-Priseur,
rue de Provence, 8,
Assisté de **M. VIGNÈRES**, Marchand d'Estampes,
rue de la Monnaie, 13, à l'entresol ; entrée rue Baillet, 1,
CHEZ LEQUEL SE DISTRIBUE LE CATALOGUE.

EXPOSITION CHAQUE JOUR AVANT LA VENTE

PARIS — 1867

## ORDRE DES VACATIONS

PREMIÈRE VACATION

Estampes ............................. de 1 à 264

DEUXIÈME VACATION

Estampes ............................. de 265 à 530

TROISIÈME VACATION

Portraits ............................. de 531 à 794

QUATRIÈME VACATION

Portraits, Livres ..................... de 795 à 1057

Les Lots pourront être divisés ou réunis à la volonté du Vendeur.

## CONDITIONS DE LA VENTE

Elle sera faite au comptant.

Les Acquéreurs paieront, en sus du prix d'adjudication, CINQ POUR CENT, applicables aux frais.

**M. VIGNÈRES, dirigeant la Vente, se charge des Commissions.**

NOTA. Toute commission sans prix fixé ou sans limite déterminée sera regardée comme nulle.

M. VIGNÈRES se charge de faire marquer les prix aux Catalogues des ventes qu'il a faites. Les personnes qui le désirent peuvent s'adresser à lui *franco*.

Plusieurs Amateurs éloignés en ont reconnu l'utilité pour les guider dans leurs achats sur les valeurs des Estampes.

Les Catalogues des Ventes à faire seront envoyés aux personnes qui en feront la demande *affranchie*.

AVIS. — Nous prions MM. les Amateurs éloignés de ne pas attendre au dernier jour, pour que les lettres arrivent le matin de la vente ; ils comprendront que quelques lettres peuvent se lire, mais de 20 à 50 lettres, c'est difficile.

**Choix de Catalogues de Ventes avec prix.**

## DÉSIGNATION

# ESTAMPES

## ANCIENNES, EAUX-FORTES

### DIVERSES ÉCOLES ET MODERNES

1 **Aldegrever.** Dieu défend à Adam et Ève de manger du fruit de l'arbre de vie (B. 2).

2 — Histoire d'Ammon et de Thamar (B. 22 à 28). 7 p.. très-belles ép.

3 — Parabole du bon Samaritain (B. 40 à 43, plus la copie du 43). 5 p.

4 — Saint Marc (B. 58). Très-belle épreuve d'ap. G. Pencz.

5 — Le Père Sévère (B. 73). Belle ép.

6 — Thisbé (B. 101). Pièce ronde.

7 — La Pauvreté (B. 113). Très-belle ép.

8 — Danseurs vus de face, l'homme à gauche, la main droite sur la hanche, la jambe gauche levée, de la main gauche il tient sa danseuse, qui soutient sa robe de sa main gauche, le chiffre est à gauche en haut. Hauteur 112 millim., largeur 82. Pièce non décrite et très-rare.

9 — Joseph racontant ses songes (B. 18). Thamar, Histoire de Suzanne, Travaux d'Hercule. 18 p.

10 **Altdorfer.** Le Jeune Sauveur (B. 10).

11 — Vierge tenant Jésus qui donne la bénédiction (B. 17).

12 — Le Jugement de Pâris (B. 36). Très-belle ép.

13 **Amman** (Josse). Chevalier armé de toutes pièces (Becker, 83).

14 — Les Assemblées d'empereur, pape et autres (Becker, 99, nos 1 à 6, 9 à 11). En tout 9 p. très-belles.

15 — Armoiries (222 — 224 — 226 — 228, celle-ci coloriée). 4 p.

16 **Andreani** (Andrea). Le Christ mis au tombeau, camaïeux de 4 planches 1585. (B. XII, 44, 24).

17 **Audran** (Girard). Martyre de saint Etienne, d'ap. *Lebrun*. Très-belle ép. avant le nom. — Ulysse découvre Achille, d'ap. *Carrache*. 2 p. in-fol.

18 **Avont** (d'ap.). Sujets d'enfants. 9 p.

19 **Bakhuizen**. La Marchande de Poissons (B. 2). — Le Vaisseau à toutes voiles et la vue d'Amsterdam au fond (B. 4). — Le Titre *Stroom*, etc. 3 p., sup. ép.

20 **Balzer** Adoration des bergers, Vénus et Adonis, sujets d'animaux, pastorales, etc. 13 p.

21 **Barbary** (Jacques de), dit le Maitre au Caducé. Sacrifice de Priape (B. VII, 525, 19). Rare.

22 **Bargas**. Danse au son de la musette. — Halte à l'hôtellerie. — Le Mulet pansé. — L'abreuvoir. — Le Bac. 5 p., très-belles ép.

23 — Le Marché au bord de la rivière, d'ap. *P. Bout*, 1er état avant l'adresse de *Mariette* et le titre. Sup. ép.

24 **Bartsch**. Différents animaux à l'eau-forte. 9 p.

25 — Cavaliers en promenade et voiture. 2 p. d'ap. *Kobel*, coloriées, avant la lettre, toute marge.

26 **Baudet**. Statues antiques. 10 p. dont 8 avant toutes lettres.

27 **Baur** (W.). Apollon et Hyacinthe avant la lettre. — Triomphe de Sylène. — Orphée. 3 p. Sup. ép. avant le nom.

28 **Bause**. Le Christ d'ap. *Leonard*, Vieille d'ap. *Rembrandt*, Der Persianer, Devideuse de *G. Dow*, etc. 7 p.

29 **Bega**. Tête non achevée (B. 6). 1er état. Sup. ép.

30 — La Mère (B. 28). Belle ép.

31 — La Mère et son mari (30). Très-belle ép.

32 — La Jeune aubergiste (33). Sup. ép. avant l'adresse de *Cowens* et *Mortier*. — La même avec l'adresse, 2 p.

33 Le Paysan au chapeau bas (17). — Les Deux amoureux (25). — Les Trois buveurs, sur chine (29). 3 p.

34 **Beham** (B.). Le Jugement de Pàris (B. 26). — L'Amour en postillon (32). Belle ép. — Le Hallebardier à cheval (49). 3 p.

35 **Beham** (S.). Saint André et saint Thomas (B. 39). Très-belle ép.

36 — Saint Simon et saint Thaddée (41).

37 — Saint Barthélemy et saint Mathias (42).

38 — Saint Antoine l'Ermite (64). Très-belle ép.

39 — Cléopâtre (77).

40 — Les Sept arts libéraux (121 à 127). Superbes ép.

41 — La Religion chrétienne victorieuse (128). 1er état.

42 — La Charité (137). Très-belle ép.

43 — Les Noces de village (159 à 163). Suite de 10 p. Deux couples de danseurs. Superbes ép.

44 — Noces de villages, couples de danseurs (167, 168, 170, 180). 4 p.

45 — Le Porte-enseigne, 1526 (200).

46 — Le Bouffon et les deux couples d'amoureux (212). Magnifique ép. du cabinet Camberlyn.

47 — Adam et Ève (5). — Judith (11). — S. Matthieu et S. Jean (40). — S. Jérôme (63). — Cimon (75). — Cléopâtre (77). — Hercule (97, 102). — Astrologie (127). — Danseurs de noces (154, 156, 157). — Tête (219). — Mascaron (231). — Génie (259). — 15 p.

48 **Bellangé**. Scènes de militaires blessés, l'action est au fond. Lith. de Engelman, 2 p. in-fol. Très-rares.

49 **Bendorp**. Houtulot sur le Rhyn. 4 p. — Vues de Haarlem glacée, pêches. 6 p. En tout 10 p. très-belles.

50 **Berghem** (N). Le Troupeau traversant le ruisseau. Sup. ép. (B. 9). — Le Troupeau en repos, grande marge (10). 2 p.

51 — Les Quatre sujets d'animaux (13 à 16). 4 p. très-belles ép., papier à la folie.

52 — Animalia, titre (29). — Chèvres (37 à 40) 5 p., superbes ép., papier à la folie et aux armes.

53 — Brebis couchée (42). — Brebis tondue (44). Les Trois moutons (47). — Le Bas-relief (48). — 4 p. magnifiques, ép. très-rares avant les numéros. Un 42 avec les n$^{os}$, en plus pour différence.

54 **Berghem** (d'ap.). Sujets de bergeries par *Aliamet*, *Boydel*, etc. 8 p.

55 **Billoin**, d'ap. *Madou* et autres. 11 p.

56 **Bleker**. Le Chariot à quatre roues (B. 10). 1$^{er}$ état. Très-belle ép.

57 **Bloemaert** (par et d'après). 20 p.

58 **Boel** (Coryn). Scènes de singes musiciens, chirurgiens, joueurs de cartes, trictrac, fumeurs, mangeurs d'huîtres. 7 p. d'ap. *Teniers*, très-belles ép.

59 **Boissieu** (J. J. de). L'Écrivain public (Rigal, 8). — Les Tonneliers (9). 2 p., belles ép.

60 — — L'Hermitage adossé à des rochers (11). — Intérieur de ferme (13). Ancienne, avant des travaux.

61 — Maréchal ferrant (15). — Pavillon des cy-devant carmes (68). 2 p. avant l'adresse de Frauenholz, les n$^{os}$ 15, 37, 67, avec Frauenholz. 5 p. très-belles.

62 — Le Petit charlatan (22). Ancienne ép. avant et avec les coins arrondis. 2 p. très-belles.

63 — Les Petits tonneliers (23). Ancienne ép. et une moderne sur chine. 2 p.

64 — Temple de la Sybille Tiburtine (30). — La Cascade (62). 3 p. avec l'adresse de Frauenholz.

65 — Passage du Garillano (31). — Le Temple du Soleil (32), avant que les armes et la dédicace soient effacés. — Aqua pendente (33) sur chine. 3 p.

66 — Vue d'Aqua pendente (33), avant le coin droit fortement arrondi; la même arrondie, papier vergé ancien, la même sur chine, fixé. 3 p.

67 — Temple de Vesta (34). — Sépulcre de Cécilia Metella (35). Très-belle ép. avec les armes et la dédicace; la même, les armes effacées. 4 p., anciennes ép.

68 — Vues diverses (45, 47, 48, 49, 50). Le Noyé (57), sur chine, non fixé. 8 p.

69 — Paysage (70). 2 ép. dont une sur chine. — Le Chasseur (78). 2 ép. — Temple de la Sybille (83). — Croquis (120). — La Digue rompue (133). 2 ép. dont une sur chine. 8 p., anciennes ép.

70 — Paysages publiés par Basan (84 à 93). 10 p. 2, 3, 6, 7 en plus en anciennes et très-belles ép. 14 p.

71 — La Famille, Mendiants, l'Ile Barbe, Pie VII, le Pont Lucano, etc. 13 p.

72 **Bol** (F.). Sacrifice de Gédéon (B. 2). Très-belle.

73 — Saint Jérôme (B. 3). Très-belle ép. avec belle marge.

74 — Vieillard philosophe (6). Très-belle ép.

75 — L'Astrologue (8). Pièce très-rare, très-belle, avec une petite marge.

76 — Vieillard à barbe frisée (9). Très-belle avec une petite marge.

77 — La Femme à la poire (14, Cl., 16). Très-belle ép.

78 — Portrait de Femme (15, Cl., 17), en ovale. Belle ép., marge.

79 **Bonasone** (7). La Manne et Moïse frappant le rocher, d'ap. Parmesan (B. 5). Très-belle.

80 — Le Triomphe de l'Amour dans les cieux, sur la terre, dans les eaux (106). Belle ép., grande marge.

81 — Le Déluge, d'ap. Michel-Ange. Pièce non décrite. L'arche est au milieu, au fond; à gauche, un arbre mort; au-dessus, un monticule couvert d'un groupe de 12 figures. Largeur, 43 centim., hauteur, 26. Très-rare.

82 **Boresom**. Le Bœuf au licou (B. 1). — Les deux Vaches (2). 2 p., état non décrit, avec l'adresse de *Valk*.

83 **Bouchardon**. Cris de Paris. 13 p.

84 **Boutats**. Sujets de la Bible. 17 p.

85 **Brasser** (L.). Marchands de Poissons sur la Plage, d'ap. *Van Goyen*. Sup. ép.

86 **Breugel** (P.). Paysage riche et très-étendu au ciel; à gauche, Mercure soutient une femme qui tient une branche.

87 **Bril** (P.). Paysage aux Voyageurs. Rare. Ermitage et autre. 3 p.

88 **Bronkhorst**. Partie des murs de l'ancienne Rome (B. 14). Très-belle ép.

89 **Bry** (Th. de). Triomphe du Christ. Très-belle ép. avec une petite marge.

90 — L'Age d'or, d'après *A. Bloemaert*. Très-belle.

91 — La Fête de Village, d'ap. *S. Beham.* Très-belle.

92 — Scène bachique dans un encadrement orné. — Arquebusier près d'un Écu d'arme et autre. 3 p.

93 **Buddeus** excudit (J.). Album de gravures originales d'Artistes allemands. 11 p.

94 **Bye** (Marc de). Bestiaux, d'ap. *P. Potter*. 24 p.

95 **Callot**. Les Petites Misères de la Guerre. 7 p., très-belles ép. avec une petite marge.

96 — Titre du Combat à la barrière (M. 492).— Combat (501).—L'Éventail, Nouveau Testament, Gobbi. 38 p., par et d'après.

97 **Cantarini** (J.). Vénus et Adonis (B. 33). Belle ép.

98 **Caraglio**. L'Adoration des Bergers, d'ap. *Parmesan* (B. 4). Belle ép.

99 — Les Amours de Vertumne et Pomone, près du Dieu des jardins (16). Très-belle ép.

100 **Carrache** (Louis). La Vierge aux anges (B. 2). 1er état avec *Petri Stephanony ex.*

101 **Carrache** (Augustin). Satyre regardant une femme endormie (B. 112). Andrea Vaccario, 1604.

102 — Orphée et Eurydice (123). — Suzanne et les Vieillards (124). — Andromède (125), copie contre-partie.—Andromède (126).—Satyre surprenant une nymphe endormie (128).—Triomphe de Vénus sur la mer (129). — Les trois Grâces (130). — Satyre regardant une nymphe endormie (131). — Petit Satyre et Nymphe à laquelle on coupe les ongles (132). Copie contre-partie. — Satyre fouettant une nymphe (133).— Vénus châtiant l'Amour (135). Ces 11 pièces gracieuses sont rares.

103 — L'Éventail (260). Belle ép., le nom gratté.

104 **Carrache** (Annibal). Le Christ mort dit de Caprarole (B. 4). *Nico Van Aelst* for.

105 — Jupiter et Antiope (B. 17) ; c'est une des plus belles pièces du maître.

106 **Chalon** (Christine). Intérieur de cour avec famille flamande. — Têtes à l'eau-forte, par Chalon. 4 p.

107 **Chiari** (Fabricius). Le Temps arracheles ailes à l'Amour et un aigle lui arrache les ailes et à la Renommée; au milieu *Galeria seitaliana* doit être un titre. Très-rare.

108 **Chodowiecki** (Daniel). Son Portrait in-4 par *Arnold*, Geyser et autres, in-8. 3 p.

109 — Portrait de Frédéric Eberhard, Gothe, Thile, Zollikoffer, Frédéric II à cheval, par *Lips*, Revue de Frédéric II. 7 p., par et d'après.

110 — Les Adieux de Calas à sa famille, in-fol.

111 — Éventails avec apothéose de Frédéric II et autres. 3 p. in-fol.

112 — Première Promenade de Berlin, la Place des Tentes ou Parc, in-fol., marge.

113 — Voyage sentimental d'Yorick. — Clarisse, 12 p. — Caroline de Lichtfield, 12. — Titre de la Grammaire de Lavaux. — Lady Macbeth. — Hamlet. — Arlequin Patriote. — Vertu, Joie, Amour, etc. 12. — L'Instituteur, 12. — Histoire de Frédéric II. 12. — Frédéric III. Colomb, Joseph II et autres, 72. — Virgil Eneis, 12. — 50 pour 100. — Le prince de Brunswich. — Nouveau Testament. — Indianer in England, 12 — Peregrine Pickels, 12. — Dessins à la plume, 3, et autres vignettes pour diverses illustrations d'ouvrages. En tout 354 p. Pourra être divisé.

114 **Clair-Obscur.** Marthe et Madeleine allant au Temple, d'ap. *Raphaël* (B. XII, 37, 12).

115 **Claas** (Alaert). Le Porte-enseigne (B. 40).

116 **Claussin** (Chevalier de). Jeune Page à mi-corps, d'ap. *F. Bol.* Magnifique ép., du plus beau ton, marge.

117 **Cochin** (d'ap.). Petits sujets pour l'Histoire de France, par *Chedel*, etc. 35 p.

118 **Coriolano** (B.). Sibylle d'ap. *Le Guide* (B. XII. 88, 3).

119 **Courtois** (J.), dit le Bourguignon. Le Départ des troupes (R. D. 1). — Le Champ de bataille (2). — Le Chef blessé à mort (5). — 3 p., très-belles ép.

120 — Combat au pied de la tour (9). — Les Blessés secourus (10). — Bataille au pied de la montagne (11). — Combat de Chrétiens et de Turcs (12). 4 p., belles marges et très-belles ép.

121 **Cranach** (Lucas). Les deux ducs de Saxe (B. 2).

122 — Saint Christophe, clair-obscur de deux planches. Collection Marschal.

123 — Martyres des Apôtres et autres dont une guillotine, Saint Georges, etc. 16 p. sur bois, très-belles, imprimées 2 à la feuille avec marge.

124 **Diaere**. Picart et autres. Petits sujets gracieux. 19 p.

125 **Dietricy**. Paysages en 1er et 2e état, petites têtes, Marchand de Mort-aux-rats, Baptême de l'Eunuque, titre, etc. 14 p.

126 — Jésus guérissant, Paysages, fac-simile, Vénus et Adonis avant la lettre, les roches et autres. 10 p., par et d'après.

127 **Dietzsch** (J.-C.), 1760. Paysages avec figures à l'eau-forte. 14 p.

128 **Ducq** (attribué à J. le). Cavalier près d'un poteau, prêt à faire le manége. — Cavalier au repos, au milieu, un autre passe la rivière. 2 p., sup. ép., grandes marges.

129 **Durer** (Albert). Adam et Ève (B. 1). Superbe ép. avec des restaurations très-habilement faites.

130 — Pilate se lavant les mains (B. 11). Sup. ép.

131 — La face de Jésus-Christ soutenu par deux anges (25). Très-belle.

132 — L'Enfant prodigue (28). Très-belle ép.

133 — La Vierge aux cheveux courts, liés avec une bandelette (33). Belle ép. Cab. R. Duménil.

134 — La Vierge assise embrassant l'Enfant Jésus (35). Très-belle ép.

135 — La Vierge donnant le sein à l'Enfant Jésus (36). Très-belle ép.

136 — La Vierge à la poire (41). Superbe ép.

137 — La Vierge au singe (42), 1er état, avant les deux traits échappés sur le nez et le dos du singe. Très-belle ép.

138 — Saint Philippe (46). Très-belle ép.

139 — Saint Barthelemy (47). Très-belle ép.

140 — Saint Simon (49). Très-belle ép.

141 — Saint Jérôme en pénitence (61). Superbe ép. avec marge.

142 — Sainte Geneviève (63). Très-belle ép.

143 — L'Oisiveté (76). Pièce rare.

144 — La grande Fortune (77). Superbe ép.

145 — L'Assemblée des gens de guerre (88). Très-belle.

146 — Le Branle (90). Belle ép., rare.

147 — Les offres d'amour (93). Très-belle ép.

148 — Le Seigneur et la Dame (94). Superbe ép.

149 — La même épreuve, moins vigoureuse.

150 — Les armoiries au coq (100). Superbe ép. avec marge.

151 **Durer**. Sur bois. Adoration des Mages (87). — Vierge adorée (95). — Trois Saints (108). — Dédale (143). — Armoiries diverses (162, 163). — Saint Martin (App. 18). — Le Bal (38), et autres. 11 p. très-belles.

152 — Les trois Paysans, le grand Cheval. Vierge allaitant et autres Vierges, Passion, Portraits Melanchton et autres, Bois, Char de Maximilien, etc. 60 p.

153 **Dusart** (C.). Le Violon assis (B. 15). Superbe ép.. grande marge.

154 — La Fête de village (16). Superbe ép. de la collection Boerner, avant les taches d'eau-forte dans le ciel.

155 — Le Couple ivre (7). Superbe ép.

156 — Kopster (12). La Ventouse. Belle ép., marge.

157 **Dusart**. Manière noire. La Messagère d'amour. Très-rare.

158 — La Buveuse et le Moine qui tient un poisson. Très-rare.

159 — Le Moine et la Femme qui rit, avant toute lettre. Très-rare.

160 — Les deux Moines qui se cognent. Très-rare.

161 **De Vivier** (G.). Tentation de saint Antoine (R. D. 3). Superbe ép.

162 **Du Vivier** (G.). Cuisine flamande (R. D. 5).

163 — Un Ange parlant aux quatre Évangélistes, avant toute lettre, pièce non décrite et bien dans le goût du maître. Sup. ép.

164 **Eisner** (J.). Mort de César. — Jugement de Pâris. — Prométhée. — Le Serment, etc. 6 p.

165 **Erhard** (J.-C.). Traité de l'Équitation. 31 p.

166 — Paysages, etc., à l'eau-forte. 13 p.

167 **Ermels** (J.-F.). Vues de Ruines. 8 p. dont 2 1er état avant le numéro. Sup. ép. Cab. Camberlyn.

168 **Everdingen**. Le Hameau au rocher (B. 25). Superbe ép. avant la retouche.

169 — Les deux Hommes sur la terrasse élevée (46). Sup. ép. avec des touches de lavis sur le devant.

170 **Falck**. Grande Palme d'ornement formée de fleurs ; dans le bas, la Vue de Paris, par Cochin ; François Léfébure inventor. Moncornet excudit. Sup. ép. in-fol., extrêmement rare.

171 **Felsing**. Jeune Fille assise et pinçant de la mandoline, d'ap. *Drager*. Rome, 1831.

172 **Flamen**. Oiseaux (R. D. 407, 408, 409, 411, 412). 5 p., très-belles ép. — Vue du faubourg Saint-Léonard, à Corbeil (503). 6 p.

173 — Poissons de mer (415). 1er état. — (421). — (441, 446. 1er état). — (452, 472). — 474 avant le numéro. 7 p., sup. ép.

174 **Flipart**, d'ap. *Greuze*. Le Paralytique servi par ses enfants. Très-belle ép. grand in-fol., toute marge, signée au dos par les artistes.

175 **Francisque** (Théodore d'ap.). Jésus et la Cananéenne (R. D. 11). — Les Chevaux à l'abreuvoir (28). 2 p., 1er état.

176 **Franco**. (B.). Scipion usant de clémence envers les prisonniers (B. 54). 1er état avant le nom. Sup. ép.

177 **Fratrel.** Saint Nicolas (P. de B. 3). — La Sagesse (7). — L'Agriculture (8). — La Navigation (9). — Le Commerce (10). 5 p. très-belles.

178 **Frey** (J. de). Homme à mi-corps regardant à droite, faisant un geste de la main gauche. — Démonstration anatomique, d'ap. *Rembrandt*, avant toute lettre, le titre écrit au crayon pour la gravure de lettres. 2 p.

179 **Frommel.** Vues d'Italie, Sicile, etc. 8 p. in-fol.

180 **Fruytiers.** Bénitier orné de figures. Très-belle ép.

181 **Fyt** (J.). Titre (B. 9). — Les Levriers accouplés (11). — Le Chien et la Chienne (14). — Le Chien et le Gibier (16). 4 p., superbes ép., 1er état.

182 **Gabet.** Paysages à l'eau-forte. 11 p.

183 **Galle** (Ph.). Emblèmes. 49 p.

184 **Geissler** à Paris, 1806. Sujets de Campements, Français et Étranger. 8 p. in-fol, quelques doubles.

185 **Gellée** (Claude le Lorrain). La Fuite en Égypte, 1er état, décrit par erreur comme 2e dans (R. D. 1). Superbe ép.

— L'Apparition (R. D. 2). 1er état. Superbe.

— Le Troupeau à l'abreuvoir (4). Superbe.

188 — La Tempête (5), avant-dernier état. Très-grande marge. Cab. R. Duménil.

189 — Le Bouvier (8). Belle ép.

190 — Le Dessinateur (9). Superbe ép.

191 — La Danse sous les arbres (10). Très-belle ép., très-grande marge. Cab. R. Duménil.

192 — Le Pont de bois (14). Superbe ép.

193 — Le Départ pour les champs (16). Superbe ép., 2e état, rare.

194 — Mercure et Argus (17). Superbe ép. du 1er état, avant la retouche. Cabinet Robert Duménil.

195 — Le Temps, Apollon et les Saisons (20). Superbe.

196 — L'Enlèvement d'Europe (22). Ép. du 1er état, les angles étant aigus à droite.

197 — La Danse villageoise (24). Ép. du 2e état, rare, le coin gauche en bas restauré.

198 — Les quatre Chèvres (27). Sup. Ép. Cab. R. Duménil.

199 **Genoels**. Paysages à l'eau-forte (B. 13, 14, 30, 31, 68). 5 p.

200 **Gessner** (S.), 1769. Idylles. 8 p. à l'eau-forte.

201 **Geyser**. Scènes de la vie du grand Frédéric et autres. 9 p.

202 **Ghisi** (Georges). Marius en imposant aux soldats envoyés pour le tuer (B. 26). Superbe ép.

203 — Hercule debout dans une niche carrée. Superbe ép.

204 — L'Amour et Psyché assis sur un lit, d'ap. *Jules Romain* (45). Superbe ép. av. la draperie et av. l'adresse des cabinets *Wiesbock* et *Mariette*, 1672.

205 **Goltzius** (H.). La Vierge et saint Joseph montrant aux Bergers Jésus qui vient de naître (B. 11). Très-belle ép. avant dernier état.

206 — La Vierge pleurant sur le corps de Jésus-Christ (41). Très-belle ép.

207 — La Sainte Famillle, d'ap. *Spranger* (275). Magnifique ép.

208 — Le Vieillard et la jeune Fille (B. III, 113, 92). Très-belle ép.

209 — Annonciation, Allégorie. Sainte Famille des Chefs-d'œuvre, etc. 8 p. par et d'après.

210 **Goudt** (Comte). L'Ange accompagnant le jeune Tobie qui traîne le poisson. Magnifique ép.

211 — Décollation de saint Jean. Petite pièce ovale. Cabinet Camberlyn.

212 **Gravelot** (d'ap.). Décaméron et autres, d'ap. *Eisen*. 28 p.

213 **Green**. Massacre des Innocents, d'ap. *Carrache*.

214 **Grim** (d'ap. Simon), 1666. Fables, in-4. 12 p.

215 **Grimm** (Louis-Émile), 1816 à 1824. Sujets divers à l'eau-forte, plusieurs d'ap. nature. 16 p.

216 **Grison** (d'ap.). Sujets de Gulliver. 5 p. in-4.

217 **Gronsvelt**. Bestiaux dans un gué. Sup. ép.

218 **Hackaert** (J.). Le Bourg (B. 1), la marge du bas coupée.

219 — Le Chemin serpentant (2). Très-belle ép., marge.

220 — L'Arbre incliné (4). Très-belle ép., marge.

221 — Les quatre Arbres (5). Très-belle ép., marge.

222 **Harrewyn**. Abbayes, Monastères, Châteaux des Pays-Bas. 123 p.

223 **Hecke** (Jean Van den). Suite de divers Animaux (B. 1 à 12). Très-belles ép., 1er état, avant l'adresse de J. de Man junior. 12 p.

224 **P. V. H.** (Monog.). Paul Van Hecke? (B. 1, 112). La Loge de chien (1). — Le Couple de chiens (2). — La Chienne chaude (3). — Les deux Chiens qui se battent (4). — La Chienne et ses Petits (5). — Les trois Chiens et la Charogne (7). — Le Chien enchaîné et couché (9). 7 p. Sup. ép.

225 **Hemskerck** (d'ap.). Les Triomphes, par *Cock*. — La Pentecôte, belle pièce. 9 p,

226 **Hirschvogel** (A.). Roi et Prince assis (B. 10, 12), coloriés. — Prince assis (11). — Femme turque, sans monogramme, non décrite. 4 p.

227 **Hogarth**. L'analyse de la Beauté et autres. 31 p. par et d'après lui.

228 **Hollar**. 2 pièces de la Danse des morts, d'ap. *Holbein*, avant la bordure.

229 — Portraits de Craenhals. — Jean Diodati. — Sacrifice, d'ap. *Mantegne*. 3 p.

230 — Continence de Scipion? d'ap. *J. Romain*. Très-belle ép. de la collection du roi Charles Ier d'Angleterre.

231 — Tête à cheveux crépus, le bonnet au trait, d'ap. *Félix Biler* (1529). Magnifique ép.

232 — Portrait d'homme à barbe, coiffé d'une toque, d'ap. *Holbein* (1544). Magnifique ép.

233 — Petits bustes de femmes (1655, 57, 59, 63, 65). 5 p. Très-belles ép.

234 — Bustes de femmes dans des ronds (1918, 20, 22, 25, 26, 28, 44). 7 p., superbes ép.

235 — Petits costumes de femmes, français et étrangers. 37 p.

236 — Cinq manchons (1952). Très-belle ép.

237 — Cerfs (2092, 93). — Lion (2094). 3 p. d'ap. *Durer*, très-belles ép. Oiseau (2159). 4 p.

238 — Muscarum, Scarabeorum, etc., Papillons, 12 p. Très-belles ép. avant les numéros.

239 — Animalium, Ferarum, et Bestiarum, Florum, etc. 12 p. très-belles.

240 — Vues de Tanger. 15 p.

241 — La Madeleine, petite pièce ovale; Juno, Navires et Paysages. 28 p.

242 **Holbein** (D'ap.). Roger-Bontemps dans la manière de Goltzius. Très-belle pièce en 2 feuilles non jointes.

243 — The Country attorney and his Client, in-fol. par *Walker*.

244 **Holbein** (Th. de). Paysages à l'eau-forte, 6 p.

245 **Hooghe** (R. de). Petits sujets historiques, etc. 20 p.

246 **Hopfer**. Soldat allemand et sa femme et autres. 4 p.

247 **Holsteyn**. Sujets d'enfants. 8 p.

248 **Jones**. Le Pêcheur sortant. — Retour du Pêcheur. — Diane et Endymion, par *Huck*. 3 p.

249 **Jordaens**. Jupiter enfant nourri par la chèvre Amalthée. Très-belle ép., 1er état, avant Bloteling.

250 — Cacus dérobant les vaches d'Hercule. Très-belle ép., 1er état, avant Bloteling.

251 **Kilian**. Alphabeth orné de figures. 23 p., l'N manque. Très-belles ép., très-rares.

252 **Klein**. Sujets d'animaux et de figures. 38 p. à l'eau-forte.

253 **Kobell** (Ferdinand). Intérieurs de famille, Joueurs, etc., et Paysages à l'eau-forte. 35 p. très-belles.

254 **Kobell** (Henri). Pasqual Paoli, 1768, général des Corses; à l'eau-forte, 1er état.

255 **Koelbl**. Paysages à l'eau-forte. 20 p.

256 **Kolbe** (C.-W.). Paysages d'ap. *Gessner* et autres. 8 p.

257 **Koningh?** Le Tailleur de plumes (B. 28). Très-belle ép. (Cl. 34, 1er état).

258 — Vieillard les mains jointes (B. 71, Cl. 78). Superbe.

259 **Kruger**. Le Chanteur, le Pêcheur, etc. 4 p. sur chine.

260 **Kuntz**. Soldats français jouant, et Soldats allemands. 3 p. in-fol. coloriées.

261 **Kusell**. Nymphe et Satyre, d'ap. *Elsheimer*.

262 **Laer** (P. de). Les Buffles (B. 7). Superbe ép.

263 **La Mare Richard** (de). Tête de vieille (R. D. 8). Sup. ép.

264 **Langer** (T.) Frontons du Théâtre de Dresde. 2 p. — Jésus au milieu des Docteurs, par *J.-P. Langer*, 1818. 3 p.

265 **Lastman** (P.). Judas et Thamar (B. 74, Cl. 81). Très-belle ép., rare.

266 **Lautensack**. Portrait de Hieroninius Schurstab (B. 7), 1er état. Belle ép., marge.

267 **Leclerc** (Séb.). Vues de plusieurs petits endroits des faubourgs de Paris, 42 p. — Caractères des passions, d'ap. *Le Brun*, 16. — En tout, 58 p.

268 **Leithner**. 1790. Vases de fleurs. 2 p. manière noire.

269 **Lepautre**. Repas intérieur, Dressoirs et autres. 15 p.

270 **Lesueur** (D'ap.). Sujets de la Bible. 9 p.

271 **Livens** (J.). Buste d'un Oriental (B. 13).

272 — Portrait d'homme (17). Très-belle ép. avant le numéro.

273 — Tête orientale (18), avant le n° 2, en haut à droite. Très-belle ép.

274 — Buste de vieillard (22). Belle ép.

275 — Buste de vieillard (23). Sup. ép. avant le numéro.

276 — Buste de vieillard (24), 1er état.

277 — Jeune femme (25). Très-belle ép.

278 — Buste de vieillard (B. 179, 102). — Homme à mi-corps dirigé à gauche. — Deux figures debout chantant. 3 p. attribuées.

279 **Lorenzini**, etc. Orfévrerie religieuse. Tables, etc. 12 p.

280 **Lucas de Leyde**. Le péché d'Adam et d'Ève (B. 7).

281 — Loth et ses Filles (16).

282 — David jouant de la harpe devant Saül (27).

283 — La Visitation (36). — Jésus tenté par le démon (41), et autre. 3 p.

284 — Jésus et les Apôtres debout, 13 p. (86 à 98). Belles ép.

285 — Jésus présenté au peuple (70). — Jésus portant sa croix (72). — Saint Jean (122). 3 p. belles.

286 — L'Opérateur ou arracheur de dents (157). Belle.

287 — Deux enfants tenant un écusson vide (166). — Composition d'ornements aux deux poissons (161). 2 p.

288 **Lutma** (Jacob). Artiste peignant un portrait dans un cartouche orné, contre-épreuve du 1er état.

289 **Lutma** (J.). Paysage à l'eau-forte, nº 3.

290 **Luyken**. Mort de Marie de Médicis, lord Strafford, Charles d'Espagne et autres. 9 p.

291 **Maas** (Th.). Cavalier prêt à faire le manége. Rare.

292 — Arquebusiers en exercices, etc. 9 p.

293 **Maîtres anonymes**. Anciens bois, Charges dignes de Pantagruel, Fous, Buveurs, etc. 7 p. très-belles.

294 — XVe siècle. Homme tenant bâton et chapelet, en bois.

295 — Vierge et Jésus rayonnants, avec 6 lignes, texte allemand, sur bois.

296 — La Pêche miraculeuse, petit bois colorié du temps.

297 — XVe siècle néerlandais. Jésus dans le tombeau adoré par différents personnages, petit rond.

298 — Christ entouré de soldats et autres, rond avec exergue à l'envers : *Quos. alii. mervere. fero. patior. que. labores.* Très-belle ép.

299 — XVIe siècle. Soldat allemand, 1523. Très-belle ép.

300 — Femme soutenant un écu d'arme de la main droite et se poignardant de la gauche (Lucrèce). Petite pièce rare.

301 **Maître anonyme**, 1550. Diane sonnant du cor; Dialectique. Très-rare.

302 — 1584 (B. IX, 573, 1). Les Paysans du marché, petite p.

303 **F. B.** (Monog.). B. IX, 468. Chasses au sanglier (86, 97). 2 p.

304 **Mallery** (C. de). Saint François. Très-belle ép., marge.

305 — Sancta Lydtwina, vierge. Très-belle ép.

306 **Manglar**, 1753. Naufrage. Belle ép. in-fol.

307 **Maratti** (C.). Bas-relief, d'ap. Polydore (B. 14).

308 **Marie-Anne**, Archiduchesse d'Autriche, 1772; Paysage avec une ruine qui sert de titre. Rare.

309 **Marot** (d'ap. Daniel). Panneaux d'arabesques avec figures. 6 p.

310 **Marvy**, d'après Rembrandt. Paysages aux trois arbres, aux trois chaumières, etc. 16 p. très-belles.

311 — Paysages doubles des précédents. 13 p.

312 **Matsys** (Corneille). Histoire de Samson (B. 8, 9, 11, 13, 14 à 19). 10 p.

313 **Méchel**. Sollicitude d'une mère dans l'éternité.

314 **Menant** (P.). Église de village. Belle ép.

315 **Met** (Cor.). Les Danseurs boîteux. 11 p., manque le 10. (B. 3 à 14).

316 **Meyering**. La Bourrasque (B. 15). Belle ép.

317 **Molenaer** (d'ap.). Combat à outrance dans la grange.

318 **Molyn**. Figures et Chevaux passant un monticule (W. Suppl., p. 147). Rare.

319 **Monaco** (P.), d'ap. Rubens. Seb. Ricci, Bassan et autres. 8 p.

320 **Muller** (J.-G). Loth avec ses Filles, d'après *Hondhorst*, 1623.

321 **Moreau** (J. M.). David et Bethsabée, d'ap. *Rembrandt*, in-fol., grande marge.

322 **Moreau** le jeune (d'ap.). Le Buste de Marie-Antoinette, orné de fleurs par les Grâces. In-8.

323 — Le Seigneur chez son fermier. Sup. ép. avec A. P. D. R.

324 **Murillo** (d'ap.). La Pouilleuse. Manière noire anonyme.

325 **Naiwjnck**. Le Chemin à droite (B. 5). Belle ép.

326 — Le Chemin près des rochers (7). Superbe.

327 — Les trois Arbres près du rocher (16). Superbe. papier à la folie.

328 **Neyts** (G.). Le petit Pont (B. 5). Très-belle ép.

329 **Noordt** (J. Van). Paysage orné de ruines, d'ap. *Lastman*. Belle ép. du 1^er^ état.

330 — Le Troupeau avec la laitière au fond. Superbe ép.; à gauche, en haut, *P. Pot;* et à droite, en bas, 3. Très-grande marge.

331 **Norblin**. Têtes et Sujets à l'eau-forte. 27 p.

332 **Notnagel**. Sujets et Têtes dans le goût de *Rembrandt*. 10 p. à l'eau-forte.

333 **Orley** (J. V.). Sujets du Nouveau Testament. 9 p.

334 **Ostade**. Son portrait, par *Gole*. Belle ép.

335 — Paysan avec toque noire (B. 1). — Paysanne qui rit (2). La même, 1^er^ état, avant les initiales et le trait carré. 3 p.

336 — Paysan au bonnet pointu (3). 2 ép., dont une très-belle.

337 — Paysan qui rit, 1^er^ état, avec le fond noir (4), rare. — Le même, le fond blanc.

338 — Le Fumeur (5), ovale, 2 ép. — Le Fumeur riant (6), 2 ép. 4 p.

339 — Paysan sonnant du cor (7), 2 ép. — Le Vielleur (8). 3 p.

340 — Le Fumeur à la fenêtre (10). — La Tendresse champêtre (11). 2 p.

341 — L'Homme et la Femme causant ensemble (12). — Les Fumeurs (13). — La Mère et les deux Enfants (14). 4 p.

342 — La Cruche vide (15). — La Poupée demandée (16). — l'École (17). 3 p.

343 — Le Coup de couteau (18). Très-belle ép.

344 — Les Harangueurs (19). 2 ép., l'une très-belle.

345 — Gueux au dos courbé (20). — Gueux les mains derrière le dos (21). — Gueux au manteau (22). 3 p.

346 — La Grange (23). Très-belle ép.

347 — Homme et femme marchant ensemble (24). — Le Buveur et le fumeur (24, a). — La Dévideuse (25). 3 p.

348 — Les Pêcheurs (26). 2 ép. avec remarques et différences et avant le trait carré renforcé.

349 — Le Savetier (27), avant et avec la continuation de la treille sur les arbres. 2 ép. différentes.

350 — Trois figures grotesques (28). — Le Marchand de lunettes (29), 2 ép. — La Chanteuse (30). 4 p.

351 — La Fileuse (31). Superbe ép. avant le trait carré renforcé.

352 — Le Peintre (32). Très-belle ép.

353 — Le Père de Famille (33). — Le Bénédicité (34). 2 p.

354 — L'Epouilleuse (35). Pièce rare, belle ép., marge.

355 — L'Emouleur (36). Superbe ép. d'eau-forte pure, avec marge.

356 — L'Emouleur (36). 3 ép. de différents tons.

357 — L'Homme causant avec la femme (37). 2 ép. superbes avant et avec le trait renforcé.

358 — Les Musiciens ambulants (38). — Le Trictrac (39). — Les deux Commères (40). 3 p.

359 — Le Charcutier (41), avant et avec les tailles sur le poteau qui soutient la treille. 2 ép. superbes, avec marges.

360 — Le Paysan payant son écot (42). — Le Charlatan (43). 2 ép. avec différents travaux. 3 p.

361 — Le Joueur de violon bossu (44). Très-belle ép. avant des retouches au burin.

362 — Le Violon et le petit Vielleur (45). 2 ép. avant et avec les retouches, dont une grande marge.

363 — La Fête sous le grand arbre (48).

364 — La Danse au cabaret (49).

365 — Le Goûté (50). 3 ép. avec différences, très-belles ép.

366 — Pièce douteuse décrite par Bartsch : Intérieur de tabagie. Rare.

367 — Paysan lâchant de l'eau. Pièce mentionnée dans le catalogue Rigal. 2 ép.

368 **Palcko**, peintre polonais. Dieu créant l'homme et autres sujets religieux, d'après lui. 5 p.

369 **Parmesan** (Mazzuoli, dit le). Le Berger debout (B. 12). — Le Jeune homme et les deux Vieillards (13). 2 p.

370 **F. P.** Les Apôtres. 6 p. à l'eau-forte.

371 **Pas** (de) et Blondus. Emblèmes. 54 p.

372 **Penez** (Georges). Joseph vendu par ses frères (B. 11) et la copie contre-partie. Très-belle ép. 2 p.

373 — Histoire de Tobie; il se lève de table (13). — Il devient aveugle (15). — Arrivée de l'ange (16). Trois pièces très-belles.

374 — Procris tuée par Céphale (73). Belle ép.

375 — Mort de Lucrèce (79). Belle ép.

376 — Holoferne (24). Virgile (87). Amymone (93). Avarice (99). Gourmandise (101). Le Goût (108). 6 p.

377 **Perrillis**. Marchande sur le bord de la mer, n° 6 d'une suite. I. P.

378 **Peeters** (G.). Chantier de construction de navires.

379 **Picart** et autres (Bernard). Illustration pour Télémaque. 25 p. in-4. Très-belles ép.

380 **Pillement**. Paysages et Marines de *J. Vernet*. 26 p.

381 **Pinas**. Paysages, Voyageurs côtoyant la petite rivière serpentant. Très-belle ép., très-rare.

382 **Place** (F.). Petites Marines. Suite de 6 p. et une ronde. 7 p., très-belles ép.

383 **Ploos van Amstel**. Fac simile d'ap. *C. du Sart*. — *Metzu*. 2 p.

384 **Poelemburg** (C.). Groupes de têtes d'anges et d'enfant. Nagler, 4. Très-rares, grande marge.

385 **Potter** (P.). Le Vacher (B. 14), la planche réduite avec *F. de Wit exc.* Rare, belle marge.

386 **Poussin** (Guaspre). 18 Paysages sur 12 feuilles, gravés par *P. Parboni*.

387 — Paysages par *Giuntotardi*. 11 p.

388 — Paysages par *Chatelain*, *Hydeck*, *Ruhl*, avant la lettre, *Wood*, 5 p. très-belles.

389 **Poussin** (d'ap. N.). Ravissement de saint Paul. Pyrrhus sauvé, 2 p. par *Château;* le Temps enlevant la Vérité, par *Audran*. 3 p.

390 **Preisler** (V. D.), d'après *Troppa*. Saint Pierre et autres, tirés du cabinet de S. M. Danoise. 4 p. manière noire. — Le Temps découvre la Vérité, par *G. M. Preisler*, d'ap. un groupe de marbre.

391 **Prestel.** Têtes fac-simile d'ap. *Trevisani*. 7 p.

392 — Fac-simile, clairs-obscurs, d'ap. *Raphaël* et autres. 6 p. très-belles.

393 **Quaglio**. Vues de Munich, 12. Paysages, 44 p. sur 18 feuilles. En tout 56 p. à l'eau-forte.

394 **Rabasse** (Jean). Repos de la Sainte Famille dans la fuite en Egypte (R. D. 3). Très-belle ép. d'une pièce extrêmement rare.

395 **Raimondi** (Marc-Antoine). La Vierge au bras nu (B. 34); c'est une des plus belles pièces du maître.

396 — Lucrèce (192), d'ap. Raphaël; extrêmement rare, gravé avec le plus grand soin.

397 — Les deux Femmes au zodiaque (397), d'ap. Raphaël.

398 — La Peste, dit le Morbetto (417); extrêmement rare.

399 — L'Homme aux deux trompettes 356). Petite pièce.

400 **Ecole de Marc-Antoine**. La Naissance d'Adonis (B. XV, 42, 12).

401 **I. F.** *Fioretin orefi. f. 1542.* Noces de Vertumne et Pomone (B. XV, 502). Très-belle.

402 **Raphael** (d'ap.). Fac-simile, Têtes et compositions diverses. 20 p.

403 **Reclam**. Paysages à l'eau-forte, d'ap. nature et d'ap. *Boucher*. 11 p.

404 **Rechberger**. Paysages à l'eau-forte. 23 p. Très-belles.

405 **Reinhardt**, 1794. Bestiaux à l'eau-forte. 12 p. sur 8 feuilles, très-belles ép.

406 — Paysages en Italie. 18 p. à l'eau-forte.

407 **Reiter** (B.), 1610. Satyre, Vénus et l'Amour. Rare. Collection Gawet.

408 **Rembrandt**. Son Portrait aux cheveux crépus, sans année (B. 1). Rare.

409 — Son Portrait, la bouche ouverte (13). Rare.

410 — Son Portrait, l'écharpe autour du cou (17).

411 — Rembrandt et sa Femme (19).

412 — Son Portrait au bonnet orné d'une plume (20).

413 — Rembrandt dessinant (22).

414 — Portrait de Rembrandt en ovale (23). Très-belle.

415 — Rembrandt aux cheveux courts et frisés (26).

416 — Abraham qui reçoit les trois anges (29). Superbe ép.

417 — Joseph racontant ses songes devant sa famille (37).

418 — Joseph et la Femme de Putiphar (39), copie par *Claussin*. Sup. ép.

419 — Triomphe de Mardochée (40). Très-belle ép.

420 — Présentation au Temple (49), avant le turban sur la tête de saint Joseph.

421 — Fuite en Egypte (55).

422 — Jésus disputant avec les Docteurs de la loi (65).

423 — Jésus prêchant, dit la petite Tombe (67). Très-belle.

424 — Le Denier de César (68). Superbe ép., 1er état.

425 — La Samaritaine (70). Très-belle.

426 — La Samaritaine (71). Très-belle.

427 — Résurrection de Lazare (72).

428 — *La pièce de cent florins.* Jésus guérissant les malades (74). Très-belle ép. du cabinet du duc de Buckingam.

429 — Jésus dans le Jardin des Oliviers (75). Superbe.

430 — Jésus-Christ en croix entre les larrons, planche ovale (79). Très-belle.

431 — Descente de Croix (82). Très-belle, rare.

432 — Descente de Croix au brancard (83).

433 — Les Disciples d'Emaüs (87), avant les travaux au burin. Très-belle.

434 — Le bon Samaritain (90). Belle ép.

435 — Retour de l'Enfant Prodigue (91).

436 — Décollation de Saint Jean-Baptiste (92).

437 — Pierre et Jean à la porte du Temple (94).

438 — Le Martyre de saint Étienne (97). Très-belle ép., marge.

439 — La Mort de la Vierge (99), pièce capitale. Très-belle ép.

440 — Saint Jérôme (100), copie trompeuse. — Saint Jérôme (101). — Saint Jérôme dans une chambre (105). 3 p.

441 — Saint François à genoux (107) ; cette pièce est une des plus rares de l'œuvre du maître. Très-belle ép.

442 — La Fortune contraire (111). Superbe ép.

443 — Chasse au Lion (116). Très-belle.

444 — Trois Figures orientales (118).

445 — Musiciens ambulants (119).

446 — La Faiseuse de Kouk's (124).

447 — Le Jeu du Kolf (125). Très-belle.

448 — Le Maître d'École (128).

449 — Le Charlatan (129).

450 — Juif à grand bonnet (133).

451 — Le Joueur de Cartes (136), 1er état.—Le même avec le fond plus travaillé à droite. 2 p. Très-belles.

452 — Homme à cheval (139), petite pièce.

453 — Vieillard vu de dos (143).

454 — Gueux estropié (179).

455 — Les Baigneurs (195). — Académie d'un Homme assis à terre (196). 2 p. Très-belles.

456 — Vue ancienne d'Amsterdam (210). Très-belle.

457 — Paysage au Dessinateur (219). Très-belle.

458 — Le Canal avec des Cygnes (235).

459 — L'Abreuvoir à la Vache (237). Superbe ép. avant les contre-tailles sur le toit de la Chaumière.

460 — Homme sous une treille (257). Très-belle.

461 — Vieillard la main à son bonnet (259), rare, avant d'être terminé par *Schmidt*.

462 — Jean Silvius (266).

463 — Clément de Jonge, marchand d'Estampes (272). Superbe ép. avant beaucoup de travaux,

464 — Abraham France, amateur d'Estampes (273).

465 — Jean Lutma, fameux orfèvre (276). Très-belle.

466 — Jean Asselin (277), peintre célèbre. Très-belle ép. avant les retouches à la pointe sèche.

467 — Wtenbogardus (279).

468 — Utenbogaerd dit le Peseur d'or (281). Ép. sur papier de Chine.

469 — Le même, copie trompeuse, papier du japon.

470 — Le grand Coppenol (283), planche réduite.— Bourguemestre Six (285), copie de Basan. 2 p.

471 — Vieillard à grande barbe (290).

472 — Tète d'Homme chauve (292). — Vieillard à grande barbe et calotte, ovale (295).

473 — Vieillard à tête chauve (296). Très-rare.

474 — Vieillard chauve à courte barbe (306).

475 — Jeune Homme à mi-corps (310). Superbe ép.

476 — Vieillard à grande barbe (312), 1er état, les tailles ne descendent pas tout à fait au bord de la planche.

477 — Tête d'Homme avec bonnet coupé (320). Très-belle ép., belle marge.

478 — Homme à moustaches relevées et assis (321), avant la retouche.

479 — Tête grotesque (326).

480 — La grande Mariée juive (340). Très-belle.

481 — Vieille Femme assise (344).

482 — Femme coiffée en cheveux (347). Très-belle.

483 — Buste de la Mère de Rembrandt (349). Très-belle.

484 — Griffonnements à la tête de Rembrandt (363). Très-belle.

485 Trois Têtes de femmes dont une qui dort (368). — Études de six Têtes dont celle de la femme de Rembrandt (365). 2 p.

486 — Ancien et Nouveau Testament, Baptême de l'Eunuque, Dessinateur d'après le modèle, Jacob et Esau de Rodermont, les trois Croix, copie d'une pièce très-rare et autres. 22 p. par et d'après.

487 **Reni** (Guido). Sainte Famille (B. 9), 1er état, avant le nom du maître. — Sainte Famille (10). 2 p.

488 **Ribera**. Saint Pierre (B. 7), 1er état, avant *F. V. Wyn*. Très-belle ép.

489 **Richter** (Abr.), 1594. Paysages, le Pont au bas du château-fort.

490 **Richeter** (d'ap. A.). Sujets de la Bible, 10 p. — Et par *I. Richeter*, sujets italiens, etc. 14 p.

491 **Ridinger**. Chevaux, Mulets, Chiens, Animaux sauvages, carnassiers, etc. 150 p., anciennes et très belles ép. et texte allemand.

492 **Robetta**. Adoration des Mages (B. 6). Belle ép.

493 **Rode**. Sujets de l'Histoire ancienne, mythologie, bas-reliefs, etc. 38 p.

494 **Rodermont**. Portrait de Jean Second, célèbre Poëte latin (B., Suppl., 79). Très-belle ép., très-rare.

495 **Roghman** (Roland). Velzen (B. 2). Sup. ép., 1er état.

496 — Vue près d'Utrecht (13). Sup. ép., 1er état.

497 — Vue d'Arkel (16). Très-belle ép., 1er état.

498 — Plaisante Lantschappen. Suite de 14 vues (B. IV, 36, 1 à 14). Très-belles ép. avec marges.

499 **Roghman** (Gertrude). Jeune Fille tenant son ouvrage, derrière sa chaise une tête de mort.

500 **Roos** (J.-H.). Le Mouton et la Chèvre (B. 5). 1er état.

501 — Moutons et Chèvres (10, 11, 12, 13). 4 p. 1er état, avant les numéros.

502 — Différents animaux (19 à 30). 12 p. très-belles, sur papier aux armes d'Amsterdam.

503 — La Bergère (31). Superbe ép. d'une des plus belles pièces du maître, très-rare.

504 **Rosa** (J. de). Bestiaux. 10 p. à l'eau-forte.

505 **Rubens**. La Vieille à la chandelle. Superbe ép. sur papier du Japon.

506 **Rubens** (D'ap.). Adoration des Bergers, par *Bolswert*.

507 — Chasse au Sanglier, par *Soutman* en 2 feuilles jointes.

508 — Saint Laurent, mort de Sénèque. Silène, l'Enfant Jésus, etc. 9 p.

509 **Ruscheweyh** (F.) à Rome, 1821. La Cène. d'ap. *Giotto*, en 3 feuilles non jointes.

510 **Ruyter** (N. de), anno 1688. Diane et ses Nymphes au milieu, au fond, dans une grotte; sur le devant, à gauche et à droite, groupes de femmes chasseresses servies par des négresses. Grande et belle p., très-belle ép., rare.

511 **Rysbrack** (P.). Les Pêcheurs (B. 3).— Le Lever du soleil (4). 2 p. très-belles, marge.

512 **Sadeler** et Sandrart. Sujets religieux et autres. 32 p.

513 **Saenredam**. Les trois Mariages (B. 84 à 86). 3 p. très-belles.

514 — Le Fou montrant sa marotte (103). Très-belle ép. 1^er^ état.

515 **Saft-Leven** (H.). Son portrait. 1660. (B. 1). Belle.

516 — Le Bateau (12). Très-belle ép., grande marge, papier à la folie.

517 — Les deux Bateaux (20). Très-belle ép., marge.

518 — La Maison au bas du Rocher (21). Très-belle ép., très-rare.

519 — L'Hiver (25). Superbe ép., marge.

520 — Le Porcher (30). Pièce capitale du maître. Très-belle ép.

521 **Salimbeni** (Ventura). Jésus embrassant sa mère, d'ap. *le Guide*. Belle ép., marge.

522 **Sandrart**. 1640. Vieille faisant pisser l'Amour. Très-rare, très-belle ép., 1er état avant l'adresse de *Blotelingh*, marge.

523 **Savery**, 1602. Chasse au cerf.

524 — Costumes de dames et seigneurs, d'ap. *Quast*. le Bénédicité et autre. 6 p.

525 **Say**. Les trois Marie, d'ap. *Carrache*. Manière noire, très-belle ép.

526 **Scheits**. Intérieur de tabagie. Très-belle ép.

527 **Schongauer** (M.). Le Crucifiement (B. 17).

528 — Jésus-Christ à la croix (23).

529 — Mort de la Vierge (33). Belle ép., copie contemporaine.

530 — Saint Jacques le Majeur (36).

531 **Sciaminosi** (R.). Le frère Philippe de Ravenne. Belle ép.

532 **Sharp** (W.). Tête de femme, d'ap. *Michel-Ange*. 3 états différents et autres. 5 p.

533 **Sibmacher**. Armoiries Holzschuler.

534 **Smees** (I.). Différents paysages, œuvre complète de ce maître. Suite de 5 p. (B. à 5). Superbes ép.

535 **Smith** (Ank). Sophonisba, d'ap. *Titien*. Sup. ép.

536 **Smith** (E.). The rent day, d'ap. *Wilkie*.

537 **Solis** (Virgile). Cavalier et Dame (B. 226). — Le Dix de singes des cartes à jouer. 2 p.

538 **Soriau** (P.). Vue avec des moulins, les figures dans le genre de Callot. Très-belle ép. avant la lettre.

539 **Sperling** (H.). Emblêmes, allégories. 12 p.

540 **Steifensand** (X.). Saint Goar et autre. 2 p. sur chine avant la lettre. Superbes ép.

541 **Star** (van), le maître à l'étoile. Le Déluge (B. 2), riche composition. Belle ép., rare.

542 **Steen** (attribué à Jean). Vieille, à mi-corps, de profil, assise, dirigée à gauche. Petite pièce anonyme.

543 **Stocade** (H.). Suzanne surprise par les vieillards. Superbe ép., rare.

544 **Stoop** (D.). Différents chevaux (B. 4, 5, 8, 9, 10, 11). 6 p. dont 5 1er état avant le numéro.

545 **Strange**. Parmigiani amica, la maîtresse du *Parmesan* et son fils. Belle ép.

546 **Suyderhoef**. Bestiaux en marche, d'ap. *Berghem*.

547 **Swanevelt**. Repos dans la fuite en Egypte (B. 100). Très-belle ép. avec *excudit cum privilegio Regis*.

548 — La Montagne (113). Très-belle avec *et excudit*.

549 — La grande Cascade (114). Très-belle avec *et excudit* et très-grande marge.

550 — Le Bouquet d'arbres (115). Très-belle avec *et excudit*.

551 — Mercure imposant silence à Battus (95). 1er état avec l'adresse de *Valdor*, marge, et autres. 4 p.

552 **Sweerts** (Chevalier Michel). Portrait d'Homme (B. 5). Très-belle ép.

553 — Vieillard à grande barbe (8). Très-belle ép.

554 — Homme nu, vu de dos, tirant de l'arc. Non décrit, très-rare.

555 **Teniers**. Les deux Fumeurs et la Femme à la porte. — Les deux Fumeurs près la cheminée. — Paysan accordant son luth. 3 p.

556 — Le Buveur et la Femme (Rigal, 13). Très-belle ép.

557 — Intérieur de cuisine (14). Belle ép.

558 — Danse au son de la musette (30). Très-belle ép. 1er état, avant l'adresse.

559 — Cinq Buveurs devant la porte d'un cabaret. Belle ép. avec l'adresse.

560 **Teniers** (d'après). La Fileuse flamande, la Moisson, les Fumeurs, le Philosophe, le Passe-Temps, l'Ecole et autres sujets flamands. 20 p.

561 **Thomas** (J.) Rubens et sa Femme en bergers. Très-belle eau-forte, sup. ép. 1er état.

562 **Thomon** (Thomas de). Vues de l'ancienne Rome. 4 p. à l'eau-forte.

563 **Tiepolo**. Fantaisies. 4 p. à l'eau-forte.

564 **Uytenbrouck** (Moïse). La jeune Mère à genoux devant le Vieillard (B. 47). Belle ép.

565 — Salmacis et Hermaphrodite, jolie p. non décrite. Belle ép., rare.

566 **Valck**. Gratitude. — Alphée et Aréthuse. 2 p. imprimées en couleur, sur une seule planche.

567 **Valikaert** (W. van). La Cène. Pièce très-rare.

568 **Velde** (Adrien van de). Différents animaux (B. 1 à 10). Ep. avec marges. 10 p.

569 — La Vache et les deux Moutons (11). — La Vache debout et l'autre couchée (13). — Les deux Moutons (15). 3 p., très-belles ép.

570 **Velde** (Esaïe van de). Petit paysage anonyme rare et 2 autres paysages. 3 p.

571 **Venitien** (Augustin). La Manne (B. 8). 1er état.

572 **Venne** (D'ap. V.). Emblèmes, allégories et sujets avec la mort. 70 p.

573 **Verboeckhoven**. Le Corbeau et le Renard. Les deux Mulets. — Le Loup et le Chien. — Le Lion en société avec la Génisse. la Chèvre et la Brebis. 4 p. à l'eau-forte sur chine, la dernière avant la lettre.

574 **Veronèse** (D'ap.). Différents saints adorant la Sainte Famille, ép. avant la lettre. — Le même sujet par *Wagner*. Les Noces de Cana, par *G. Saiter* à Paris, en 2 feuilles non jointes, toute marge, pour être superposées. 3 p.

575 **Vico** (Enée). Aiguière dont l'anse est formée par une panthère (B. 424). Magnifique ép.

576 **Vignon** (Claude). L'Apothéose d'Hercule (R. D. 25). Très-belle ép. 1er état non décrit avec l'adresse de Ciartres.

577 **Visscher** (Jean de). Vieille d'après nature, par *C. de Wisscher*. Très-belle ép.

578 **Vlieger** (Simon de). Le Bois près du Canal (B. 6).

579 — Les Pêcheurs (10). Belle ép., marge.

580 — Vieille Bohémienne tenant sur son bras une petite fille couronnée (Brulliot, II, 2540). De la collection Barnard. Superbe ép.

581 **Vliet** (Van). Loth et ses Filles, d'ap. *Rembrandt* (B. 1).

582 — Les Arts et Métiers. Suite de 18 p. avant l'adresse. Très-belles ép. (32 à 49).

583 — Homme marchant à droite, petite figure orientale (89). Très belle ép. avec une petite marge.

584 **Wael** (C. de). Départ de l'Enfant prodigue. — L'Enfant prodigue dissipant son bien. 2 p. très-belles, avec grandes marges.

585 **Waell** (De). Le Chemin de la Fortune, allégories, proverbes. 25 p.

586 **Wagner**, d'ap *Amiconi*. Sujets de l'histoire de Moïse. 10 p.; les mêmes plus petits et autres, Paysages, etc. 28 p.

587 **Waterlo** (A.). La Porte de la haie sous les arbres (B. 44). Belle ép. aux armes de Hollande, marge.

588 — La Rivière avec les bords de rochers (50). — La Chapelle avec l'escalier (51). — Le Pont de planches (52). 3 p., très-belles ép., la dernière col. Gawet.

589 — Les deux Hommes à la barrière (56). Superbe ép., 1er état. Collection Boerner, papier à la folie.

590 — L'Homme et la Femme près du petit pont (59). — L'Allée au bois (62). — Les deux Cavaliers (63), 1er état. — Les deux Garçons et le Chien aboyant (64), 1er état. 4 p.

591 — Le Paysan sur le chemin large (69), 1er état. Très-belle ép. avec une petite marge.

592 — La double Cascade (71).— Le Rocher stérile (73). — Le Pays désert (74). — La grande Chute d'eau (75). — Les deux Chaumières au pied de la haute montagne (76). 5 p. d'une suite rare.

593 — Le Dôme et la Chute d'eau (77). Très-belle ép.

594 — Le Moulin à eau au pied d'une montagne (94), 1er état. Superbe ép., papier à la folie.

595 — La Ville ruinée (96). — Les deux Ponts (97). — Le Fauconnier et le Chasseur (104). 3 p. très-belles.

596 — Les Parties de bois nouvellement coupées (108). — L'Homme et la Femme traversant le ruisseau (109). 2 p.

597 — La Paysanne et sa Fille sur le petit pont de bois (114). — La Ferme au bord de l'eau (116). Superbe ép., col. Boerner.— Le Berger endormi sur le monticule (118). 3 p.

598 — Le Moulin (119). — Le Chien buvant dans le ruisseau (120). — Le petit Bossu (121). — Les deux Voyageurs en repos dans le bois (123). — Papier à la folie. 4 p.

599 — Pan et Syrinx (128). 1er état avant les travaux rentrés au burin. —Vénus et Adonis (129); papier à la folie. 2 p.

600 —Le Départ d'Agar (131). Très-belle ép., papier aux armes de Hollande.

601 — Agar consolée par l'Ange (132). Très-belle ép. avec une petite marge.

602 — Le jeune Tobie et l'Ange (134). Ép. à l'eau-forte pure.

603 — Élie dans le désert (136). Sup. ép., 1er état, avant les travaux rentrés au burin.

604 — Apollon et Daphné (126). Mercure et Argus (127), et autres. 8 p.

605 **Weirotter** (F.). Ruines de l'abbaye de Saint-Maur. Magnifique ép. avant les armes et avant la lettre, marge. — La même avec la lettre. 2 p.

606 — Chute d'eau, Village près de Bruxelles et autres par et d'après. 25 p.

607 **Wierix** (Antoine). Saints Ambroise, Augustin, Grégoire, Jean-Baptiste, Jérôme. 5 p., très-belles ép. avec marges.

608 **Wierix** (H.). Portrait du Christ qui se trouve à Rome dans le monastère de Saint-Sylvestre.

609 — L'Enfant Jésus rayonnant sur quatre Jésuites à genoux. Très-belle ép.

610 — Le Sauveur monté sur la Mort, le Démon et la Mort. Superbe ép.

611 — Saint Ignace, évêque, dévoré par des lions. Superbe ép.

612 — Saint Roch. Superbe ép.

613 **Wierix** (J.-H.). Emblèmes, Allégories. 20 p.

614 **Wille** (J.-G.). Tricoteuse hollandaise. — La Dévideuse. 2 p.

615 **Witt** (F. de). Les Saisons, groupes d'enfants voltigeants. 4 p. très-belles.

616 **Wouvermans** (d'ap.). Sujets de Chevaux, 9 p.

617 **Zeeman** (R.). Recueil de plusieurs Navires et Paysages (B. 6 à 18). — La Vue de Conflans double. 12 p.

618 **Zeeman**, Marines (24, 27). 2e suite de 8 p. (31 à 38). 10 p.

619 — Différents Vaisseaux d'Amsterdam (63, 64, 65, 66, 68, 69, 70, 74, 79, 81, 82, 84). 12 p. très-belles.

620 **Zingg**. Le Soir et autres paysages. — Scènes de camp militaire par *Zix*. 7 p.

621 **Zucchi**. Les sept Sacrements, etc. 9 p.

622 **M. Z.** (Martin Zink ou Zingel). La Décollation de sainte Catherine (B. 8).

623 — Les deux Amants (16). Très-belle ép.; elle a été pliée en quatre.

624 **M. Z.** (Mathias Zundt), 1569. Armoiries. 3 p. très-belles et avant la lettre.

625 **Architecture** de Bibienna, Mazzi, etc. 36 p.

626 **Ornements**. Bijouterie, Titres, Cartouches, Vases, Emblèmes, etc., par Choffart et autres. 60 p.

627 — Arabesques, Rocaille, Caryatides, etc., 34 p.

628 — Horloges, orientales, horizontales, etc. 34 p.

629 **Lithographies** diverses. 21 p.

630 — Très-grand in-fol. Louis-Philippe par Marin Lavigne, Louis Ier de Bavière et sa Famille. Chasse au Sanglier, d'ap. Rubens et autres. 6 p. sur chine.

631 Sujets religieux. 40 p.

632 **Sujets historiques**, Batailles, etc. 30 p.

633 **Etudes**. Académies de Femmes, Têtes sanguine, Principes de dessins de figures, paysages. 48 p.

634 **Ecole italienne**, d'ap. Carrache, Corrége et autres. 40 p.

635 **École française**. Eaux-fortes, etc. 16 p.

636 **École du XVIII^e^ siècle**, d'ap. Boucher, Lancret, Watteau et autres. 43 p.

637 **Estampes modernes**, diverses écoles, 20 p.

638 **Eaux-fortes** d'Animaux, Paysages et autres. 30 p.

639 Eaux-fortes allemandes, Paysages, etc. 60 p.

640 **Ecole allemande** et anglaise, très-grand in-fol. Der Rasende Hercules, Naufrage des pêcheurs, Vénus d'ap. Titien, Pyramides des portraits des généraux de l'armée anglaise en Égypte, le Château d'Heidelberg, Going to Market, d'ap. Rubens et autres. 9 p.

641 Écoles allemande, flamande, etc. 240 p. Sera divisé.

642 **Vues** d'Espagne, in-4. 90 p.

643 Vues des Ports de France, 10 p. in-fol. coloriées.

644 Vues de Suisse et d'Angleterre, noir et couleur. 25 p.

645 Paysages, diverses écoles. 16 p.

646 Vues et Paysages divers. 145 p.

647 **Dessins** de diverses écoles, au nombre de 100 : crayons, sanguine, lavis, etc. Seront divisés sous ce numéro..

# PORTRAITS

648 **Alix** et autres. Brutus, P. Corneille, Mably, Guil. Tell, Henri IV et Sully par *Janinet*, l'Hôpital par *Boillet*. 7 portraits ovales petit in-fol. en couleur.

649 **Amman** (Josse), 1573. Gaspard de Coligny avec la scène de sa mort au bas. Rare. Raccommodé.

650 **Audinet**. Charles Ph. de France, Monsieur frère du roi. 2 ép., lettre grise et avec la lettre petit in-fol., d'ap. *Danloux*.

651 **Audran** (B. et J.). J.-P. Bignon d'ap. *Vivien*. — F. Robert Secousse d'ap. *Rigaud*. 2 p. in-fol.

652 **Baillie**. Prêtre et Ambassadeur siamois, de 4 états différents. 5 p.

653 **Balechou**. La Force d'ap. *Nattier ;* c'est le portrait de Mme de Châteauroux.

654 — Auguste III, roi de Pologne, grand in-fol. en pied, marge.

655 **Bartolozzi**. L.-J., prince de Condé, Aloysius Pisani avant et avec la lettre, Omai. 4 p.

656 **Bause**. Christine, reine de Bohême, Domhardt, Schubart, Winkler, etc. 6 p. in-fol.

657 **Berger**. Werther. — Lotte. 2 portraits avec scènes au bas, d'ap. *Chodowiecki*. Très-belles ép., véritables illustrations pour Goëthe.

658 **Bertrand**. Napoléon le Grand, d'ap. *David.* Grandeur naturelle.

659 **Boivin** (R.). Jean de l'Épine (R. D. 109). — Clément Marot. 2 p. in-4.

660 **Bonnart**. Françoise-Marie de Bourbon, duchesse de Chartres. — Louise-Françoise de Bourbon, princesse de Condé. — La Marquise de La Vallière. 3 p. en pied.

661 **Bonnet**. Mme la comtesse du Barry, d'ap. *Drouais.* Sanguine, grandeur naturelle.

662 **Bosse** (Abraham). Michel Larcher, in-8. Belle ép.

663 **Bugey**, 1761. V. F., duc de Broglie à cheval, in-fol.

664 **Carmontelle** (D'ap. de). M. de Bourneville. — Clairault, de l'Académie. 2 portraits en pied.

665 **Cathelin**. Mme de Graffigny, in-8. Rare.

666 **Chereau**. Pavyot, procureur général de Normandie. — Pécour, maître à danser de la duchesse de Bourgogne. 2 p. in-fol.

667 **Ciartres** excudit. Guil. du Vair, in-4. Superbe ép.

668 **Coelemans**. Famille Boyer d'Aguille, Malherbe. 5 p. in-fol.

669 **Crespy**. Marie-Anne-Victoire de Bavière, dauphine de France. Très-belle ép., petit in-fol.

670 — A. Watteau, in-4, d'ap. lui-même.

671 **Dalen**. Son portrait ovale, in-8, à trente-cinq ans.

672 — Princesse Marie. — Duc de Glocester. 2 p. in-fol.

673 **Dankerts** ex. Alexandre le Grand, César, Cyrus, Ninus. 4 portraits équestres grand in-fol.

674 **Daullé**. Le Dauphin, né le 4 septembre 1729, d'ap. *S. Belle*. In-fol.

675 — Maupertuis, d'ap. *Tournière*, in-fol., marge.

676 — J.-B. Rousseau, d'ap. *Aved*, in-fol.

677 — De Vintimille, archevêque de Paris, petit in-fol., marge.

678 **Delff**. Amélie, princesse d'Orange. — Amélie de Solms. — Catherine de Culenborch. — Sophie de Brunswich. — Henri de Berghe. — Fréd. Henri, prince d'Orange. — Henri Mattheo, comte à Turre. — Fréd. Henri et Wolgang, palatins. — Oxenstiern. — Christophe Radziwil. — Jeannin et autres. 19 p.

679 **Delsembach**. Charles VI, empereur des Romains, grand in-fol. en pied. Très-rare ép. imprimée sur satin.

680 **Drevet**. Bossuet en pied, d'ap. *Rigaud*.

681 — Gaspard Dodun, in-fol. d'ap. *Rigaud*.

682 — Maria Serre, d'ap. *Rigaud*, in-fol., toute marge.

683 — Arnauld, Dombes, Marie Cadesne, Keller, Delamet, Le Pelletier. 6 p. in-fol.

684 **Duflos** (Cl.). Mme Anne Michelin, veuve Gouault, femme de l'échevin de la ville de Troyes, grand in-4. Très-belle ép., rare.

685 **Dunkarton**. Henri IV en sa chapelle ardente. Henri IV à cheval, par *Turner*. 2 p.

686 **Dyck** (Antoine Van). Son portrait terminé par *Neefs*, avec Gilles Hendrick, avant l'adresse de Verdussen. Très-belle ép., rare.

687 — Pierre Breughel, avec G.H. — Le même, les lettres effacées. 2 p.

688 — Erasme de Rotterdam. Belle ép.

689 — Franciscus Franck. Très-belle ép., papier à la folie.

690 — Judocus de Momper. — Le même, par *Vorsterman*. 2 p. très-belles, papier aux armes.

691 — Paul du Pont. Très-belle, papier aux armes.

692 — Jean Snellinx. Très-belle, papier à la folie. — Le même, par *P. de Jode*. 2 p.

693 — Juste Suttermans. Très-belle.

694 — Antoine Triest, terminé par *P. de Jode*. Très-belle.

695 — Jean de Wael. Très-belle, papier à la folie.

696 — Lucas Vorsterman. Très-belle, papier à la folie, marge.

697 — Guillaume de Vos. État très-rare, la poitrine et le bras droit au trait.

698 — Le même, terminé par *Bolswert*, avec G.H., papier à la folie.

699 — Paul de Vos, terminé par *Bolswert*.

700 — Titien et sa maîtresse, avec l'adresse de Bonenfant.

701 **Dyck** (d'ap. Van), par *P. de Bailliu*. A. de Bourbon, comte de Moret, avec *J. Meyssens*. — Le même, l'adresse effacée. 2 p.

702 — Lucie Percye. Superbe, avec *J. Meyssens*.

703 — Honoré d'Urfé avec *J. Meyssens.* — Le même par *Van Schuppen.* 2 p.

704 — Par *A. Blotelingh.* Marquis de Mirabelle, avant l'adresse. Superbe ép., papier à la folie.

705 — Par *Bolswert.* J. B. Barbé. — Ad. Brouwer. 2 p., sup. ép., très-grande marge, papier à la folie.

706 — Ertvelt. — Juste-Lipse. — Séb. Vrancx. 3 p., très-belles ép.

707 — Marguerite de Lorraine, duchesse d'Orléans. — Marie Ruten. 2 p., très-belles ép.

708 — Martin Pépin avec *Martin vanden Enden.* — Le même, l'adresse effacée, sur papier de Lorraine, marge.

709 — Par le comte de *Caylus.* 8 petits croquis de têtes fac-simile de dessins.

710 — Par *Pet. Clouwet.* Henri Riche. Très-belle ép. rare, avec *Gillis Hendricx excudit.*

711 — Ch. Vander Lamen, avant la planche remordue.

712 — Théodore Rogiers. 1er état, avant *de Mau.* Rare. Très-belle ép., papier à la folie.

713 — Carolus Scribanius. — Le même plus petit, par *P. Pontius.* 2 p. Très-belles.

714 — Anna Wake. Sup. ép., 1er état, avant la lettre, les noms d'artistes seulement.

715 — Par *Delff.* Michael Mirevelt. Sup. ép. avant toute lettre, non décrit, par Weber.

716 — Le même avec la lettre.

717 — Par *Ferdinand.* Portrait anonyme d'une Dame dirigée à droite. Très-belle ép., rare.

718 — Par *C. Galle le vieux*. Artus Wolfart. Très-belle.

719 — Par *C. Galle junior*. Ferdinand III d'Autriche. — Marie d'Autriche, sa femme. 2 p. 1er état, avec *J. Meyssens*. Superbes ép.

720 — Henriette de Lorraine de Phalsbourg. Très-belle ép., 1er état, avec *J. Meyssens*.

721 — Marselaer. — Le même par *Lommelin*. — G. H. comte de Papenheim. 3 p.

722 — Engelbert Taie, 1er état, avec *J. Meyssens*.

723 — Par *Hollar*. Charles II, roi d'Angleterre. 1er état, avec *J. Meyssens*. Très-belle ép.

724 — Ch. Louis, comte Palatin du Rhin.

725 — Élisabeth Harwey. Très-belle ép., 1er état, avec *Vander Borcht*, papier à la folie.

726 — Henriette-Marie d'Angleterre. Très-belle ép.

727 — Marguerite Lemon, Anglaise. Superbe ép., 1er état, avec *Van der Borcht*.

728 — Jean Malder, 1er état, avec *J. Meyssens*. Très-belle ép., très-grande marge.

729 — Comte de Portland. Superbe ép., 1er état, avec *J. Meyssens*.

730 — La Comtesse de Portland. Superbe ép., 1er état, avec *J. Meyssens*, papier à la folie.

731 — Alathée Talbot, comtesse d'Arundel, 1er état, avec *J. Meyssens*.

732 — Lucas et Corneille de Wael, 1er état, avec *J. Meyssens*.

733 — Élisabeth Villiers, duchesse de Lenox et de Richemond. Superbe ép., 1er état, avec *J. Meyssens*, papier à la folie, grande marge.

734 — Par *Guil Hondius*. Son Portrait. Très-belle ép.

735 — Par *Arnold de Jode*. Catherine Howard. Très-belle ép. avec *Martin vanden Enden*, papier aux armes.

736 — Par *P. de Jode*. Jeanne de Blois. *Gillis Hendricx excudit.*

737 — Béatrix Cosantia de Cantecroix. Superbe ép., 1er état, avec *J. Meyssens*, rare.

738 — Adam de Coster. Magnifique ép. très-rare, avant la main derrière le dos, avec *Mart. vanden Enden* et avant la seconde ligne.

739 — Le même avec la seconde ligne et l'adresse effacée.

740 — Ferdinand d'Autriche, 1er état, avec *J. Meyssens.*

741 — Paul Halmalius, avec *Mart. vanden Enden* déchirée. — Le même, l'adresse effacée. — Liberti du cab. R. Dumenil. — 3 p.

742 — Jean de Montfort, 1er état, avec *J. Meyssens*; le même, l'adresse effacée. 2 p.

743 — Erijcius Puteanus, 1er état, avec *Mart. vanden Enden.* — Le même, l'adresse effacée. 2 p.

744 — Quintinus Simons. — Diodorus Tuldenus 2 p.

745 — J. Tserclaes de Tilli, 1er état, avec *Mart. vanden Enden.* — Le même, l'adresse effacée. Très-belle ép., papier à la folie, grande marge. 2 p.

746 — Par *Lauwers*. Frai Lelio Blancatio. Belle ép.

747 — Par *Lombart*. Lucie, comtesse de Carlile. — Philippe, comte de Pembroke. 2 p.

748 — Par *Lommelin*. Anonyme. Homme la main droite sur la poitrine. Superbe ép. avant toute lettre, avant l'adresse de *Man*.

749 — Marie d'Aremberg.—Bisthoven.—Bolswert avec *Gillis Hendricx*. — Ferdinand d'Autriche. *Gillis Hendricx*. — J. Ch. de la Faille. 5 p.

750 — Jacques le Roy avec *Egide Hendricx*. — Marselaer; le même, par *Galle*.—Adrien Stevens. — Jean de Wael. — Zegerus avec *G. Hendricx*. 6 p.

751 — Par *de Marcenay*. Henri, comte de Berghe.

752 — Par *Matham*. Michel Le Blond.

753 — Par *J. Meyssens*. Charles 1er. — Henriette-Marie. Superbe ép. avec l'adresse. 2 p.

754 — F. vander Ee. Superbe ép. avec l'adresse.— Le même, l'adresse effacée. 2 p.

755 — Par *Natalis*. Ernestine, princesse de Ligne, papier à la folie, 1er état, avec *J. Meyssens*. — La même, 2e état, 2 p.

756 — Par *J. Nefs*. Marie M. de Barlemont, 1er état, avec *J. Meyssens*.

757 — Josse de Hertoge. — Martyn Rychart. — Antoine de Tassis. 3 p.

758 — Par *J. Payne*. Ferdinand d'Autriche. Superbe et très-rare ép. avant toute lettre; dans la marge est écrit à l'encre *Prins Cardinael*.

759 — Par *P. Pontius*. Marie, comtesse d'Aremberg. Superbe ép., 1er état, avec *J. Meyssens*.

760 — Don Alvar de Bazan. — Jacques de Breuck, architecte. — Columna. — Le même, avec l'adresse *Mart. vanden Enden excudit*, FALSIFIÉE. — Gaspar de Crayer. 5 p. Très-belles ép.

761 — Emanuel Frocas, avec *Mart. vanden Enden.*— Le même, l'adresse effacée. 2 p., superbes ép.

762 — Balthazar Gerber avec l'écriture sur le papier et avant l'adresse. Superbe ép. avec une petite marge.

763 — Vander Geest.—Gevartius. 2 p. Très-belles.

764 — Gustave-Adolphe avec *G. H.* — Le même, les lettres effacées. 2 p. Superbes.

765 — Gérard Honthorst, magnifique ép.

766 — Constantin Hugens avec *G. H.* gratté sur le papier. Superbe ép., papier à la folie, très-grande marge.

767 — Philippe Le Roy. Très-belle ép., rare.

768 — Marie de Médicis, avec *Mart. vanden Enden*, très-rare. — La même, avec l'adresse effacée. 2 p. très-belles.

769 — Aubertus Mireus.—Le même, par Diamaer. — Jean, comte de Nassau. — Palamèdes. 4 p. Superbes ép.

770 — Paulus Pontius. Magnifique ép.

771 — Joannes van Ravesteyn, 1er état, avec *Mart. vanden Enden* et le nom écrit *Caspar Ravestyn*, très-rare. — Le même, le nom rectifié. 2 p. superbes.

772 — Nicolas Rockox. Très-belle ép. avec 1639 avant le nom du peintre.—Le même, avec *Ant Van Dyck*, la date de mort et la cédille baissée et après Antv. *Rei antiqvariæ cultor.* 2 p. très-belles.

773 — Th. Rombouts. — P.-P. Rubens. — Th. de Savoie, 3 p., très-belles ép.

774 — C. A. Scaglia. — Gérard Segers. — Henri Steenwyck. 3 p., très-belles ép.

775 — J. Wildens. — Simon de Vos. — J. Vander Wouver. 3 p., très-belles ép.

776 — Par *P. Rucholle.* Ch. Em, duc de Savoie. 1<sup>er</sup> état, avec *J. Meyssens.* Sup. ép., papier à la folie.

777 — Par *H. Snyers.* Prince Robbert. Très-belle ép. avec *J. Meyssens.*

778 — Par *A. Stock.* Petrvs Snaeyers pictor d'une seule ligne. Superbe ép. avec *Martin vanden Enden.* 1er état. — Le même, Petrvs Snayers d'une seule ligne, preliorvm, etc. ; au-dessous, le nom *Andreas Stock sculpsit* à la place de l'adresse. 2 p., superbes ép.

779 — Par *C. Vischer.* Hélena Leonora de Sievri.

780 — Par *R. van Voerst.* Christiano, évêque postulé de Halberstadt. Superbe ép.

781 — Kenelmus Digbi. Superbe ép.

782 — Ernest, comte de Mansfeld. Superbe ép., papier à la folie.

783 — Ph. Herbert, comte de Pembroke. Sup. ép., papier à la folie et grande marge.

784 — Robert van Voerst. — Simon Vouet. 2 p. très-belles.

785 — Par *Lucas Vorsterman.* Jacobus de Cachopin. Très-belle ép., 1er état, avec *Mart. vanden Enden*, mais avant le nom du graveur.

786 — Le même avec un petit I. Cach'opin, le nom de Vorsterman amator, etc., en seconde ligne et *cum privilegio.* Très-belle.

787 — Jacques Callot. Très-belle ép.
788 — Wenceslavs Coeberger. — Ant. Cornelissen. Deodat del mont. — H. Vanden Eynden. 4 p., très-belles ép.
789 — Théodore Galle. — H. Gentilescius. — Isabelle Claire Eugénie, papier à la folie. — Moncade avec *cum privilegio* tracé à la pointe. 4 p. très-belles.
790 — Joannes van Milder d'une seule ligne, avec *Mart. vanden Enden* et le nom du graveur. — Le même, avec *Statuarius* seconde ligne et G. H. — Le même, avec Mildert et *Mart. vanden Enden excudit* écrit à l'encre. 3 p. très-belles.
791 — Jean, comte de Nassau. Superbe ép. avec *Lucas Vorsterman exc.* — Le même, l'adresse effacée. 2 p.
792 — Gaston d'Orléans. — Fabri de Peirese. 2 p.
793 — Nicolas Rockox dans son cabinet, 1er état, avant les noms de Platon et Sénèque sur les volumes et avant les médailles. Très-belle ép.
794 — Corneille Sachtleven, papier à la folie, très-grande marge. Très-belle ép.
— Corneille Schut, papier à la folie, très-grande marge. Superbe ép.
— Ambroise Spinola. Très-belle ép.
795 — Petrus Stevens d'une seule ligne, *Martin vanden Enden* et le nom du graveur. — Le même avec 3 lignes et G. H. — Le même, les lettres effacées. 3 p.
796 — Wolfangus Wilhelmus avec G. H. — Le même, les lettres effacées. 2 p.

797 — Lucas Vorstermans. Superbe ép., on a gratté sur l'épreuve *junior*. Très-belle ép.

798 — Corneille de Vos, d'une seule ligne avec *Mart. vanden Enden* et le nom du graveur. Sup. ép.

799 — Par *V.* Franciscus Junius. Très-belle eau-forte. *Mart vanden Enden exe.* — Le même, par *Burghers*. 2 p.

800 — Par *C. Waumans*. Fred. Henri, prince d'Orange. Très-belle ép., 1er état, avec *J. Meyssens*.

801 — Émélie de Solms. Superbe ép., 1ce état, avec *J. Meyssens*.

802 — Ant. de Zuniga. Superbe ép., avec *J. Meyssens* et grande marge.

803 — Par *Anonyme*. Thomas Willeboirts Bosschaerts. Sup. ép. *Martin vanden Enden excudit*.

804 — Antoine Van Opstal, peintre de Bruxelles, 1er état décrit par Weber, avec une ligne de titre et le nom du peintre. Superbe ép. avec grande marge.

805 — Henriette Marie, petit portrait dans un entourage. Rare.

806 — Charles-Quint à cheval, par *Earlom*, d'ap. Van Dyck, d'ap. l'original du Titien.

807 — Van Dyck terminé par *Neeffs*, — Erasme, — de Wael et autres. 26 portraits.

808 **Easting**. Maréchal Wellington, en pied, in-fol., d'ap. *Home* à Calcutta.

809 **Edelinck** (G.). J.-P. Bignon (R. D. 151), avant-dernier état.

810 — Remi du Laury (188). Très-belle ép.

811 **Edelinck**. Jacobo Magnæ Britanniæ et Walliæ principi. Le prétendant Jacques III, d'ap. de Troyes (211), grand in-fol., rare.
812 — Gottvaldt, médecin de Dantzick (217).
813 — Ch.-Maurice Le Tellier (245). Belle ép.
814 — G. F. marquis de L'Hospital (246). Belle ép., marge.
815 — Louis XIV, roi de France, allégorie (255). 1er état.
816 — Raimond Poisson en pied (299).
817 — P. Surirey de Saint-Remy. 1er et 2e états. 2 p. (310).
818 — Mouton, Bussy-Rabutin, Furetière, Villacerf, etc. 6 p.
819 **Falck**. Jacob de Lagardie, petit in-fol.
820 **Flcquet**. Crébillon. — Chennevière. 2 p.
821 — La Fontaine, copie contre-partie ; à la place du loup et de l'agneau sont deux colombes et les attributs des Arts, sans aucun nom d'auteur.
822 — La Mothe Le Vayer. Très-belle ép., marge.
823 — Molière (Poquelin de).
824 — Montaigne (Michel de).
825 — Regnard. Très-belle ép., petite marge.
826 — Le même, sans marge.
827 — J.-B. Rousseau. Sup. ép., grande marge.
828 — J.-J. Rousseau.
829 — Voltaire.
830 **Flipart**. Dumont le Romain, d'ap. de La Tour, avant toutes lettres et divers travaux. Rare.

831 **Frosne**. Nic. Langlois, seig. de Motteville, premier président de la Chambre des comptes de Rouen, petit in-fol.

832 **Gaillard.** François Castanier, in-fol., d'ap. *Rigaud.*

833 **Galle**. Isabelle-Claire-Eugénie. — Léopold Ier. — Duc d'Olivarès. 3 p.

834 **Gantrel**. Courtanvaux. — Marquis de Mongneville. — L'Abbesse de Fontevrault. — Nicolas Pavillon. 4 p.

835 **Gaultier** (L.). J. Chenu. — La Duchesse de Nemours, avec grande marge. 2 p.

836 **Geyser**. Les Enfants de Netscher. in-fol.

837 **Giffart**. L. M. duc d'Aumont, in-fol.

838 **Gole** (J.). Marie-Thérèse. — Gaston. — Duc de Bourgogne. — Charles V. de Lorraine, etc. 5 p.

839 **Goltzius**. Nicquet (B. 177). — Guillaume, prince d'Orange (178). — Buste d'un jeune Homme (202). 3 p.

840 **Grateloup** (J.-P.-S. de). Dryden(1). État non décrit avant la date et le nom du maître, sur chine.

841 — Louis XV, Médaille (5).

842 **Green**. Henri Danvers earl of Denby en pied, d'ap. *Van Dyck.*

843 **Guntz**. Charles Ier, roi d'Angleterre, Comtes et Comtesses en pied., d'ap. *Van Dyck.* 10 p.

844 — Louis, dauphin. — Les sept Électeurs et autre. 3 p.

845 **Heath**. Gentilhomme de la cour de Charles Ier, lettre grise et avec la lettre. 2 p. in-fol., d'ap. *Van Dyck.*

846 **Heineken**. Ch.-F. de Heineken et sa Mère, gravés par lui-même, d'ap. *Saint-Aubin*. 2 p. in-4.

847 **Hodgetts**. Georges IV, roi d'Angleterre, en pied, d'ap. *Lawrence*, grand in-fol. avant la lettre.

848 **Hollar**. Van Dyck au tournesol. Belle ép. rare.

849 — Famille Roelans. 4 portraits.

850 — J. de Reede, Craeschals, etc. 3 p.

851 — Michaelis Potier, philosophe hermétique, petit profil dans un ovale, attribué à *Hollar*, par Mochsen.

852 **Hondius**. Isabelle-Claire-Eugénie. — Jean-Ernest de Saxe, etc. 3 p. in-fol.

853 **Horthemels**. L'abbé Gaultier, in-fol., d'ap. *S. Belle*.

854 **Houbraken**. F. de Brunswich Lunebourg. — Burmann. — Schomberg. 3 p. in-fol.

855 **Isabey** (chez). Le Cœur de la nation, Marie-Antoinette tenant son jeune Enfant devant le buste de Louis XVI. Très-belle ép.

856 **Isac** (Jaspar). Steph. Paschasius, in-fol. Sup. ép.

857 **Jacquard**. H.-L. Chastaigner de La Roche-pozay, évêque de Poitiers. Sup. ép. in-8.

858 **Janota**. Portrait d'un jeune Homme, d'ap. *Rembrandt*.

859 **Jode** (P. de). Henriette-Marie, reine d'Angleterre, d'ap. *Van Dyck*, grand in-fol. Très-belle ép., rare.

860 **Joullain**. Aymon premier, d'ap. *Coypel.*

861 **Kilian** (B.). Le Cardinal et son Frère, comte d'Ortemburg. Superbe ép., rare.

862 **Klauber**. Allegrain, sculpteur. — Bause, graveur. 2 p. in-fol.

863 **Kuperskij** (d'ap.). Portraits de femmes et d'hommes, par *Vogel* et autres. 7 p. manière noire.

864 **Larmessin**. Louis XV étant jeune, petit in-fol., d'ap. *Rigault* .

865 — Louis, dauphin de France, en pied, d'ap. *de La Tour*. Très-belle ép. grand in-fol.

866 — Ch.-H. de Lorraine, prince de Vaudemont, in-fol. d'ap. *Ranc.*

867 — Adolphe de Vignacourt et autre. 2 p.

868 **Lasne** (Michel). Louis de Bourbon, duc d'Enghien à douze ans, avec 4 lignes latines et 4 vers français, petit in-fol. Sup. ép., rare.

869 — Sébastien Hardy, conseiller. Très-belle ép., 1er état.

870 — La Rochefoucault, cardinal. Belle ép.

871 — Cardinal de Richelieu.

872 — Siméon du Muis. — Sponde. — Baro. — Bernard et autre. 5 p.

873 **Lemire**. La Fontaine entouré de figures allégoriques, d'ap. *Moreau*, in-8. Sup. ép., marge.

874 **Lenfant**. Henri d'Argouges. — Michel L Masle. 2 p.

875 **Leoni** (O.). G. Ciabrera (B. 24). — Marcellus Provenzalis. 2 belles ép.

876 **Lépicié**. P. Grassin, directeur des monnaies. — Catherine de Seine. 2 p.

877 — Antoine de Laroque, d'ap. *Watteau*. Très-belle ép.

878 **Leu** (Th. de). Henriette de Balzac.

879 — Cardinal de Birague, chancelier.

880 — Ch. de Bourbon-Soissons.

881 — F. de Bourbon-Conty.

882 — J. de Cocesme, princesse de Conty.

883 — Ch. de Gonzague-Clèves.

884 — Henri IV à cheval, âgé de quarante-cinq ans.

885 — Anne, duc de Joyeuse.

886 — Charles de Lorraine de Guise.

887 — Louise de Lorraine, douairière.

888 — Philippe de Lorraine, duc de Mercœur.

889 — Montaigne (Voici du grand). 4 vers.

890 — Henri de Montmorency, connétable.

891 **Lochon**. François Marcou et 3 autres portraits in-fol., anonymes.

892 **Lombart**. Ch.-Em., prince de Savoie. — Lafond, gazettier d'Amsterdam. 2 p. in-fol.

893 **Longhi**. Eugène Beauharnais. — François Ier d'Autriche. — Vieillard. — Tête de nègre, d'ap. *Rubens*. 4 p.

894 **Louys**. Anne d'Autriche, d'ap. *Rubens*. Très-belle.

895 — Élisabeth, femme de Philippe IV. Sup. ép.

896 — Marie, femme de Ferdinand III.

897 — Philippe IV, roi d'Espagne.

898 — François-Thomas de Savoie. Sup. ép.

899 **Lubin**. Michel Begon, intendant de La Rochelle, etc., in-4. Très-belle.

900 **Malgo**. La Princesse de Lamballe, en pied, écrivant, d'après nature par *Hickel*, grand in-fol., manière noire. Très-belle ép.

901 **Marcenay** (de). Sully. Magnifique ép. d'eau-forte pure, avec les noms à la pointe, d'une grande rareté.

902 — Charles VII, roi de France. — Marquis de Mirabeau. — Van Dyck. 3 p.

903 **Mariette** (Chez). Françoise-Marie de Bourbon, duchesse d'Orléans. 2 différents. — Duchesse du Maine. 3 p. en pied. Très-belles ép.

904 **Masson** (Ant.). Gondrin, arch. de Sens (R. D. 31).

905 — Louis XIV (43).

906 — d'Ormesson (58). Très-belle ép.

907 **Masson** (Magdeleine). Louis XIV, roi de France, grandeur naturelle. Très-belle ép.

908 **Matham**. Vondel et autres. 4 p.

909 **Melini**. Charles-Emmanuel III, roi de Sardaigne; au bas, la bataille de Guastala. Très-belle.

910 **Mellan**. Mole, Montmorency, etc. 5 p.

911 **Merz**. Canova, Fischer, Fuger, etc. 7 p.

912 **Michelis**. Guillaume II, prince d'Orange. — Amelia Augusta, princesse d'Anhalt-Dessau. 2 portraits d'enfants en pied, in-fol., toute marge.

913 **Moitte**. Chauvelin. — Henaut. 2 p. in-fol.

914 **Montaigne** (N. de Platte). Cardinal de Berulle.

915 **Morin**. Anne d'Autriche (R. D. 40). Superbe.

916 — Augustin de Thou (77). Superbe.

917 **Muller** (J.-G.). Ant. Graff, lettre grise sur chine. — Le même, avec la lettre. — Loder. 3 p. in-fol.

918 **Nanteuil**. Buste de la Vierge (R. D. 5). 1er état. Très-belle ép.; a été pliée.

919 — Ant. Barberin, card. archev. de Reims (29). Très-belle.

920 — Marie de Bragelone (57). Très-belle.

921 — Ch. d'Albert, duc de Chaulnes, grandeur naturelle (65).

922 — P. du Camboult, card. de Coislin (69), 1er état, marge. — Le même (70), plus âgé, 1er état. 2 très-belles ép.

923 — J.-B. Colbert (71).

924 — J.-N. Colbert, archevêque de Rouen (77), grandeur naturelle.

925 — Jean Dorieu, président en la cour des aides (84).

926 — Pierre Dupuis (88). — Jean Fronto, chanoine de Sainte-Geneviève. 1er état (99). 2 p.

927 — Mme de Gillier (102).

928 — F. Bosquet (44). — Hesselin (110). — De la Barde (115). — Guil. de Lamoignon (119). 1er état et autre. 5 p.

929 — J. Le Coigneux (125).

930 — Michel Le Masle (126). 1er état. — Michel Le Tellier (129). 1er état. 2 p.

931 — Michel Le Tellier (137), grandeur naturelle.

932 — Loret (150). auteur de la Muse historique.

933 — Lamothe Levayer (143). — Jules Paul de Lionne (147). — M.-J.-B., duchesse de Savoye (169). 3 p.

934 — Cardinal Mazarin (174)—(180), avant-dernier état. — (182). — 3 p.

935 — Gille Ménage (188). 2e état. Très-belle ép. in-8, marge.

936 — L. de Vendôme, duc de Mercœur (189). — N. Potier de Novion. (207). 2 p.

937 — A. Lefèvre d'Ormesson (209). 1er état.

938 — Claude Thévenin (231), chanoine de Paris. Très-belle ép., grande marge.

939 **Natalis**. Em.-Th. de la Tour d'Auvergne, duc d'Albret, d'ap. *Mignard*.

940 **Pas** (C. de). Menou de Charnizay, écuyer. in-8.

941 **Persyn**. J. Coster, docteur en médecine. Très-rare ép. avant toute lettre.

942 **Pesne**. Langlois de Ciartres, marchand d'estampes et musicien, d'ap. *Van Dyck* (R. D. 97). 1er état, toute marge.

943 **Petit**. Delpech de Mereville, conseiller. Très-belle ép., grande marge.

944 — Marie de la Fontaine Solare de la Boissière. d'ap. *Latour*. Superbe ép., toute marge.

945 — Louis XV jeune en pied, d'ap. *Vanloo*. Très-belle ép., marge.

946 — Phelypeaux de Maurepas en pied. Très-belle.

947 — Marie-Thérèse. — Maupeou. — Rapin de Thoiras, avant et avec la lettre. 4 p.

948 **Picart** le Romain. J.-Ant. du Loir. — Roger de Piles. 2 p., très-belles ép.

949 **Pitau**, 1663. Camille Lilly, historiographe. Superbe ép. in-fol. d'ap. *Daret*. Cabinet Lousberg.

950 **Poilly** (N.). Michel Le Tellier. Très-belle ép.

951 **Pompadour** (Mme de). Le Dauphin et la Dauphine, d'ap. *Boucher*. Sardoine onyx.

952 **Pontius** (P.). H. comte de Berghe, in-fol. d'ap. *Van Dyck* avec *Bonenfant*, marge.

953 — Gevartius, d'ap. *Rubens*. Très-belle ép.

954 — Philippe IV, roi d'Espagne, d'ap. *Rubens*.

955 — Daniel Segers, jésuite, peintre de fleurs. — Lamoral, comte de Tassis. 2 p.

956 **Rabel**. Kat harina. Medicea. Henri II VXOR. Franc. regina. Petit ovale très-rare, sans marge.

957 **Roullet**. J. Chaillou de Thoisy, d'ap. *Gerardin*, in-fol.

958 — J.-B. Lulli, musicien, in-fol. d'ap. *Mignard*. Belle marge.

959 **Rousselet**. Cardinal de Richelieu.

960 **Rubens** (D'ap.). Son fils Albert, par *Schiavonetti*. — Sa Femme et son Fils, par *Maria Cosway*. 2 p.

961 — Isabelle d'Este, femme de François de Gonzague, in-fol. Très-belle ép., coiffure pittoresque.

962 — Socrate. — Sophocle. — Marselar, avant et avec la lettre. — Homme et Femme, par *Zucchi*. 7 p.

963 **Sadeler** (J.). Otto H. comte de Scharzemberg dans un entourage orné. — Le même à mi-corps assis. 2 p.

964 **Saint-Aubin** (Aug. de). Fénelon d'ap. *Vivien*, in-4, marge.

965 **Saint-Jean** (De). Le Roy Louis XIV. — Le Dauphin. — Monsieur. — Madame. 4 portraits en pied. Belles ép.

966 **Santvort**. Johannes Hoornbeck, in-4.

967 **Sauvé** (Chez). Louis, dauphin de France, premier fils de Louis XIV, grandeur naturelle, à mi-corps, encore enfant, avec cuirasse et costume de cour. Belle ép., rare.

968 **Savart**. Jean Racine, in-8, grande marge.

969 **Schenck**. Jacques II. — Eléonore-Madeleine-Thérèse, impératrice. — Marie, reine d'Angleterre. 3 p.

970 **Schmidt** (G.-F.). Charles de Saint-Albin, archevêque de Cambray. Superbe ép. in-fol.

971 — Pierre Mignard, peintre. Sup. ép. in-fol., d'ap. *Rigaud*, l'astérisque grattée.

972 — Antoine Pesne, peintre, d'ap. lui. Sup. ép.

973 — J.-B. Silva, médecin du roy, in-fol. Sup. épreuve.

974 — Lieberkvhn, célèbre médecin de Berlin, in-4.

975 — Bignon. — Du Bose. — Parrocel. — Perichon. — J.-B. Rousseau. — Thévenard. — Villars, etc. 8 p. in-8.

976 **Schuppen** (Van). 1660. Anne de Courtenay, dame de Rosny et de Bontin, petit in-fol.

977 — Ignace de Braux, marquis d'Anglure, d'ap. *Beaubrun*. Sup. ép.

978 — P. de Monchy, oratorien. Belle ép.

979 — Alexandre IX. — Langlois. — Le Camus. — Lefèvre de Caumartin. — Louis XIV. — P. Pithou. — Villani. — 7 p.

980 **Sharp** (W.) Thomas Howard, comte d'Arundel, d'ap. *Van Dyck*. 2 sup. ép. avant et avec la lettre sur chine, toute marge.

981 **Sichem** (Van). Ravaillac en pied, avec les portraits d'Henri IV, Marie de Médicis, et Louis XIII; l'assassinat et le supplice sont au fond, marge.

982 **Silvestre** (Suzanne). Archiduc Albert. — Lumagne, banquier. 2 p. in-4.

983 **Simonneau** (C.). A.-F. Ferrand. — Nicolas Mesnager. 2 p.

984 **Smith**. Eloïsa, lettre grise. — Philentus, confident d'Abailard, par Dunkarton. 2 p. — M. et Mme d'Auverquerck. — Charles XII, avant et avec la lettre.— Jacques Ier.— Comte de Gallas. F. de Schonberg, à cheval. — Sophie de Brunswick. 10 p.

985 **Sompel**. Isabelle-Claire-Eugénie, d'ap. *Van Dyck*. Très-belle ép.

— Marguerite, femme de Gaston.

— Philippe de Nassau.

986 **Stephani**. Ortence Mancini, duchesse de Mazarin. — Frédéric de Brandebourg. 2 p. in-fol.

987 **Suyderhoef**. Gilles de Glarges, d'ap. *Mirevelt*.

988 — Marie, femme de Maximilien.

989 — François de Moncade, d'ap. *Van Dyck.*

990 — Heydanius. — Heinsius. — David Nuyts. — Wassenaer et autres. 6 p.

991 **Swanenburch**, 1607. Jean Heurnius, médecin, petit in-fol.

992 **Tanjé**. G. W. Baron de Imhoff, et autres avant la lettre. 4 p.

993 **Tardieu.** Duc d'Antin, d'ap. *Rigaud.*

994 **Tassaert**. Général Brune, à cheval, grand in-fol. d'ap. *Harriet.*

995 **Thomassin**, 1708. Thomas Corneille. Belle.
— La princesse de Savoie, 1696.
— Jean Thierry, sculpteur de Lyon.

996 **Thourneyser**. Constantin de Silvecane.

997 **Trouvain**. Le duc du Maine. — La princesse de Savoie. 2 portraits en pied.

998 **Turner**. Guillaume Ier. — Le prince héréditaire d'Orange. 2 p.

999 **Vermeulen.** Bertin. — Brunenc, avant et avec la seconde ligne et l'adresse. — Courtin. A.-F. Lelouchier, comtesse d'Arco. 5 p. in-fol.

1000 **Vico** (Enée). Aristoteles (B. 253). Première ép. Superbe.

1001 **Wierix** (Ant.). Philippe II le Catholique.
**Wierix** (I. H.). Helionora Borbonia princeps Auraicæ.

1002 **Wille** (J.-G.). François Chicoyneau, médecin (L. B. 140), avant-dernier état avec deux lignes en bas. Sup. ép.

1003 — H. von Erlach, avec texte allemand. — Elisabeth de Gouy. Belle ép., toute marge. 2 p.

1004 — Henri Liebaux, géographe. Très-belle ép.

1005 — Louis, dauphin de France. 2 ép., dont une sans marge.

1006 — Pope. Petit portrait in-8 en travers (L. B. 166).

1007 — Maurice de Saxe.

1008 — Childéric, Chilpéric, Hugues Capet et autres. 5 p. in-8.

1009 **Visscher** (les). Anne d'Autriche. — Élisabeth Charlotte, palatine, duchesse d'Orléans. — Marie-Louise d'Orléans. — Junius. — Frédéric de Nassau. 5 p.

1010 **Vorsterman** (L.). Maugis. — Côme de Médicis. — Duarti. 4 p.

1011 **Voltaire**. Différents. 4 p.

1012 **Artistes**. Coustou, par *Dupuis*. — De Vermont, par *Carmona*. — Gravelot et autres. 8 p.

1013 **Femmes célèbres**. Princesses, etc. 30 p.

1014 **Ecclésiastiques**. Papes et autres. 64 p. de tous formats.

1015 **Orientaux** et antiques. 15 p.

1016 **Rois de France**. Henri IV. — Louis XIII. — Louis XIV. — Dauphin. — Louis XV. — Napoléon. 13 p.

1017 — Louis XIV entouré de figures allégoriques. grand in-fol. en travers.

1018 **Portraits** en manière noire. 8 p.

1019 **Célébrités diverses**. Alexandre I^er^, Auguste III de Pologne, Charles II, Charles III d'Espagne, Ferdinand III, Frédéric-Guillaume, Georges III, Léopold I^er^, Maximilien, Philippe IV, Pierre I^er^, in-fol. et autres de tous formats. 255 p. Sera divisé.

1020 Portraits très-grand in-fol. Charles d'Autriche, Charles VII empereur, Fréd.-Guillaume, Joseph Ier empereur, Tombeau de Marie-Christine d'ap. Canova, Maximilien Emmanuel, Allégorie de Christine de Suède et autres; plusieurs grandeur naturelle. 10 p.

# LIVRES A FIGURES

1021 **Besson** dauphinois (Jacques). Recueil de machines terrestres et marines. 60 fig. de *F. Beroald.* Titre et texte allemands, 1595, broché.

1022 **Blondel** (J.-F.). De la distribution des maisons de plaisance et de la décoration, etc. 2 vol. in-4 brochés, ornés de 160 pl. gravées par l'auteur. Paris, Jombert, 1737-38 ; non coupé.

1023 **Bodenehr**. Vues de France, Espagne, Italie et Allemagne en cinq cahiers. 328 p.

1024 **Bosse** (Abraham). Différentes manières de dessiner et peindre; vol. in-4, v.

1025 **Carrache** (D'ap. Ann.). Galerie Farnèse. 17 p. petit in-fol. oblong, carton.

1026 **Corvinus**, etc. Vues de la résidence ducale de Louisbourg.

1027 **Dumont**. Détails d'architecture de Saint Pierre de Rome. Paris, 1763; in-fol., carton.

1028 — Suite de détails d'architecture, et autres recueils. 3 brochures.

1029 **Durand**. Recueil et Parallèle des édifices de tout genre anciens et modernes. 92 p. en feuilles et le texte broché.

1030 **Fialetti**. Brieve histoire de l'institution des ordres religieux avec les figures de leurs habits. Paris, 1558; in-4, veau.

1031 **Frommel**. Vues de Bade. 28 pl. sur chine et texte allemand, in-4.

1032 **Giardoni** et autres. 19 statues antiques, vol. carton, in-fol.

1033 **Grausen** (J.-U.). Description de la grotte de Versailles en 20 planches et texte allemand et français, carton.

1034 **Kauffmann**. De la connaissance de Dieu. 8 pl. et texte allemand, cahier.

1035 **Lammermeir** (S.). Tabernacles, Épitaphes, etc. 34 p., carton.

1036 **Lightoler**. Plans et Élévations de maisons et fermes. Londres, 1762; broché.

1037 **Moreau**, architecte (Charles). Fragments et ornements d'architecture d'ap. l'antique, supplément à l'œuvre de Desgodets. 6 livraisons in-fol., 36 planches.

1038 **Ottens** ex. Les Éléments, Parties du monde. Jeux divers, etc. 42 costumes de femmes genre Bonnart, vol. demi-rel.

1039 **Penther** (J.-F.). Monuments d'architecture, de différents ordres; vol. petit in-fol. Augbourg, 1767; avec portrait.

1040 **Perret**, gentilhomme savoisien (Jacques). Des fortifications et artifices, architecture, etc. 23 pl. par *Thomas de Leu;* le titre contient le portrait d'Henri IV à cheval et le siége de Paris; broché en vélin.

1041 **Piazzeta**. Principes de dessin, figures, académies et proportions du corps humain. 35 p. oblong, broché.

1042 **Piranesi**. Les Ruines du château dell' Aqua Giula à Rome; vol. in-fol., cart.

1043 **Rentz**. Danse de la Mort. 52 p.

1044 **Schubler**. Architecture, Décoration, Voûtes, Dômes. 36 p. et texte allemand; 2 vol. Nuremberg, 1732; carton.

1045 **Veenne** (D'ap. Van). Proverbes dans diverses langues, in-4. 1630; demi-rel.

1046 **Weigel** (Christophe). L'Ancien et Nouveau Testament. 42 feuilles à plusieurs sujets et texte allemand.

1047 **Zancon**. Tableaux existant à Vérone. 61 p., carton.

1048 **Zocchi** (D'ap.). Vues de Florence, Fêtes et Courses de 1738. Publié en 1754; grand in-fol. oblong. 26 p., y compris titre et portrait.

1049 **Zucchi**. Monuments antiques et modernes de la cité de Vérone. 1753; petit in-fol., dos et coins en vélin.

1050 **Antiques**. Statues, Bas-reliefs, Pierres gravées, par les anciens maîtres et Aquila, Dorigny, Perrier, Randon et autres. 239 p.

1051 — Statues égyptiennes, Apis, et autres, Obélisques, Etrusques, Tombeaux, Pierres gravées. Statues de Laocoon, Vénus diverses, et autres Monuments, par les élèves de Marc-Antoine, dités par Lafreri et autres. 300 p.

1052 Antiquités de Besançon, Dôle, Fréjus, Lyon, Vienne, etc., en France et Italie. 90 feuilles lithog. contenant chacune plusieurs vues ou monuments; vol. oblong, petit in-fol., carton.

1053 Armoiries papales et autres. 47 p. demi-rel.

1054 Couronnements des rois et reines de Suède, Batailles contre les Polonais, Conquestes des Suédois, Danois. 63 p.; vol. in-fol. oblong, demi-rel.

1055 Das Sibendt Buch von Kampffstucten, Combats de chevaliers, gravés sur bois. 21 p. carton. en vélin.

1056 Zu dem Leser. Ouvrage sur la perspective, figures sur bois, carton. en vélin.

1057 Les Métiers, coloriés. 20 p., texte allemand.

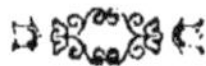

Renou et Maulde, imprimeurs de la Compagnie des Commissaires-Priseurs, rue de Rivoli, 144. 8208

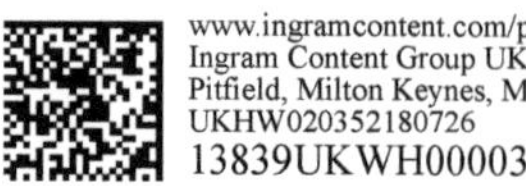

www.ingramcontent.com/pod-product-compliance
Ingram Content Group UK Ltd.
Pitfield, Milton Keynes, MK11 3LW, UK
UKHW020352180726
13839UKWH00003B/1049